Gedenkmünzen-Katalog

Dieter Faßbender

Gedenkmünzen-Katalog

Deutschland · Österreich Schweiz

BATTENBERG

Die Deutsche Bibliothek-Cip-Einheitsaufnahme

Gedenkmünzen Katalog Deutschland, Österreich, Schweiz/
Dieter Faßbender – Augsburg, 1993
ISBN 3-89441-135-X
NE: Faßbender, Dieter

BATTENBERG VERLAG AUGSBURG

Umschlaggestaltung: Zembsch' Werkstatt, München
Gesamtherstellung: Presse-Druck Augsburg
Printed in Germany
ISBN 3-89441-135-X

Inhalt

Katalog

Einleitung

Die Gedenkmünzen Deutschlands, Österreichs und der Schweiz sind die meistgesammelten europäischen Münzen. Da viele Münzsammler die Kursmünzen außer acht lassen, ergibt sich genau das Sammelgebiet, wie es in diesem Buch zusammengestellt ist. Geschichtsinteressierte Sammler möchten gern mehr über ihre Münzen erfahren als in Katalogen steht. Neben numismatischen Daten möchten sie wissen, aus welchem Anlaß die Münze geprägt wurde oder wie die Biographie des Geehrten aussieht.

Deshalb soll das Buch dem Sammler eine Hilfe sein, der sich über den historischen Hintergrund informieren will.

Gedenkmünzen sollen als Zahlungsmittel an bestimmte wichtige Ereignisse oder bedeutende Persönlichkeiten erinnern. Dabei ist der Begriff Zahlungsmittel das Unterscheidungsmerkmal zur Medaille. Viele Gedenkprägungen sind nur Gedenkmedaillen, weil die Wertangabe fehlt.

Gedenkmünzen = Zahlungsmittel können also nur von den dazu befugten Stellen, d. h. von staatlichen, ausgegeben werden. Gedenkmedaillen darf jeder prägen lassen; sie gibt es in großer Zahl und sind leider nicht selten primitiv gestaltet.

Die künstlerische Gestaltung der Gedenkmünzen Deutschlands, Österreichs und der Schweiz gilt in den meisten Fällen als gut bis hervorragend gelungen.

Einige Gedenkmünzen sind gleichzeitig Kursmünzen und im ständigen Geldumlauf, z. B. die 2-DM-Prägungen seit 1957 oder die 20-Schilling-Stücke Österreichs seit 1981.

Die nach der Ordnungsnummer in Klammern genannten Katalog-Nummern beziehen sich auf die Kataloge von Kurt Jaeger (J.) »Deutsche Reichsmünzen seit 1871«, Günter Schön (Sch.) »Weltmünzkatalog 20. Jahrhundert« und »Kleiner deutscher Münzkatalog«, Arnold/Küthmann/Steinhilber (AKS) »Großer Deutscher Münzkatalog« sowie R. S. Yeoman (Y.) »Modern World Coins« und »Current Coins of the World«.

Bei mehreren Münzzeichen oder Jahrgängen einer Münztype beziehen sich die Bewertungen nur auf das preiswerteste Münzzeichen oder auf den häufigsten Jahrgang der Münze. Alle Preisangaben beziehen sich auf Deutsche Mark.

Sachgebietsverzeichnis

Sachregister

Prägestätten und ihre Münzzeichen

Deutschland:	Berlin	A
	München	D
	Dresden	E
	Stuttgart	F
	Karlsruhe	G
	Hamburg	J
Von 1938–1945:	Wien	B
Österreich:	Wien	Ohne Zeichen
Schweiz:	Bern	B
	Bern ab 1970	Ohne Zeichen

Abkürzungen

Münzerhaltung:	SS = sehr schön	Münzmetalle:	G	= Gold
	VZ = vorzüglich		S	= Silber
	ST = Stempelglanz		Al	= Aluminium
	PP = Polierte Platte		Bro	= Bronze
			K	= Kupfer
			N	= Nickel
			platt.	= plattiert

Auskünfte erteilten:

Das Bayer. Hauptmünzamt, München. Der Bundesminister für Finanzen, Bonn. Die Deutsche Bundesbank, Frankfurt. Das Archiv der Stadt Dinkelsbühl. Herr Dr. Böhme vom German. Museum, Nürnberg. Herr Dr. Ludwig Veit vom German. Museum, Nürnberg. Herr Kurt Jaeger, Korntal (†). Herr Herbert Goebel von der Ges. f. Internat. Geldgeschichte. Herr Georg Lübben von der Ges. f. Internat. Geldgeschichte. Die Hamburgische Münze. Herr Oberstudienrat Otto Lenhart, Fulda. Der Magistrat der Stadt Arolsen. Herr Dr. Scheper vom Magistrat der Stadt Bremerhaven. Der Magistrat der Landeshauptstadt Eisenstadt. Der Magistrat der Landeshauptstadt Klagenfurt. Herr Dr. Helmut Krebs, der Magistratsdir. Wien. Herr Dr. Dipl.-Ing. Egartner v. Österr. Hauptmünzamt. Die Österreichische Nationalbank, Wien. Herr Heinrich Pilartz, Köln (†). Die Staatliche Münze Karlsruhe. Die Staatliche Münze Stuttgart. Der Direktor der Rektoratskanzlei der TH Wien. Herr Dr. Graepler vom Universitätsmuseum Marburg. Herr Stöber von der Philipps-Universität Marburg. Die Universität Tübingen. Der Archivar der Universität Wien. Das Zeppelin-Museum Friedrichshafen. Herr Dipl.-Ing. Abseher v. Österr. Hauptmünzamt. Herr Professor Dr. Franz Huter, Universität Innsbruck. Herr Dr. Max Adenauer, Schleiden/Eifel. Herr E. Büchi, Schweizerisches Schützenmuseum, Bern. Frau Dr. Anne-Marie Dubler, Staatsarchiv Basel-Stadt. Herr Dr. Paul Guyer, Stadtarchiv Zürich. Herr L. Haas, Bundesarchiv Bern. Herr Rüesch, Stadtarchiv Luzern. Herr Villard, Museum für Kunst und Geschichte Fribourg. Herr Klaus Burkhardt, Stuttgart. Herr Günter Schön, München. Herr Horst Winskowsky, Langen. Herr Winfried Zacharias, Hattingen. Herr Dr. Ahlers, Archiv der Hansestadt Lübeck. Herr Dr. Richter, Staatsarchiv der Stadt Hamburg. Herr Dr. Blendinger, Stadtarchiv Augsburg. Herr Dr. Galley, Heinrich-Heine-Institut, Düsseldorf. Herr Dr. Harald Eichler, Wiener Börsekammer. Herr Prof. Alois Brunnthaler, Presse- und Informationsdienst der Stadt Wien. Herr Dr. Gernot Krenner, Oberöstr. Volkskreditbank, Linz. Herr Kerry R. J. Tattersall, Münze Österreich, Wien.

Allen Genannten sei hiermit herzlich gedankt.

Literatur

Germain Bazin – Geschichte der Malerei.
Dr. Bernhard Birk – Dr. Ignaz Seipel.
Jean-Paul Divo – Die Neueren Münzen der Schweiz.
Richard Friedenthal – Goethe, sein Leben und seine Zeit.
Eberhard Galley – Heinrich Heine.
Walther Gehl – Deutsche Geschichte.
Richard Hamann – Geschichte der Kunst.
H. Heimpel, Theodor Heuss und Benno Reifenberg – Die großen Deutschen.
Helmut Hirsch – Friedrich Engels.
Kurt Honolka – Knaurs Weltgeschichte der Musik.
Kurt Käppeli – Schweizer Schützentaler 1822–1870.
Prof. Dr. J. Kar – 100 Jahre Hochschule für Bodenkultur.
Dr. Hans Koepf – Baukunst in fünf Jahrtausenden.
E. Laaths – Knaurs Geschichte der Weltliteratur.
Golo Mann – Propyläen Weltgeschichte.
H. Th. Musper – Albrecht Dürer.
Dr. Gerhard Nestler – Geschichte der Musik.
Helene von Nostik – Potsdam.
Helmuth Nürnberger – Theodor Fontane.
Dr. Josef Ofner – Paläste und Bürgerhäuser in Österreich.
Dr. Eberhard Orthbandt – Das deutsche Abenteuer.
Dr. Eberhard Orthbandt – Illustrierte Gesch. Europas.
Emil Palleske – Schillers Leben und Werke.
Bernhard Paumgartner – Mozart.
Paul F. Schmidt – Geschichte der modernen Malerei.
V. Valentin – Knaurs Deutsche Geschichte.
Lexika von Bertelsmann, Brockhaus, Duden, Herder, Knaur und Meyer.
Historisch-Biographisches Lexikon der Schweiz.
Jubiläumsausgabe des Schweizerischen Schützenvereins 1824–1924.
I. u. L. Burghoff – Reisen zu Goethe.
Baedekers Reiseführer – Berlin.
Baedekers Reiseführer – Österreich.
Reclams Kunstführer – Österreich.
Günter Schön – Weltmünzkatalog 20. Jh.
Günter Schön – Kleiner deutscher Münzkatalog.

Aufsätze und Schriften von

Hermann Braumüller, Burkhard Brem, Edgar Dietel OSB, Prof. Dr. Anton Durstmüller, Dr. Erich Egg, Mag. Ulrike Engelsberger, Prof. Walter Fabian, O. Frey, Reinhard Flören (Geldgeschichtliche Nachrichten), Prof. Dr. Karl Gutkas, Franz Gall, Horst Gnettner, Paul R. Gutt, Emmerich Gmeiner, Heinz Haber, Dr. P. Veremund Hochreiter OSB, Prof. Dr. W. Höflechner, Franz Hummer, Herbert Leisegang, Dr. Michael Linhart, Robert Littell, Prof. Hermann Möcker, Dr. Walter Obermaier, Dr. Preßburger, Prof. Riki Raab, D. Dr. Floridus Röhrig, Rolf H. Simon, General Spanocchi, Lothar Sträter, Heinz Tursky, Prof. Karl Hans Walter, Prof. Dr. Hans Widmann und Prof. Dr. Rudolf Zinnhobler.

(J. 303 –
Sch. 25 – AKS 72)
3 Mark (Al) 1922–1923
Mz. A*D*E*F*G*J
Rand: Geriffelt
Ø 28 mm
SS ab 1,–, VZ ab 2,–
s. a. Nr. 19

1 Drei Jahre Weimarer Verfassung 1922

Am 11. 8. 1919 trat die »Weimarer Verfassung« in Kraft. In ihrem ersten Teil wurden Aufbau und Aufgaben des Reichs, im zweiten Teil die Grundrechte und Grundpflichten der Deutschen behandelt. Die Weimarer Verfassung wurde im »Dritten Reich« formell nicht außer Kraft gesetzt, aber durch Parteienverbot, Ermächtigungsgesetz usw. praktisch unwirksam gemacht.

(J. 321 – Sch. 46 – AKS 73)
3 Reichsmark (S) 1925
Mz. A*D*E*F*G*J
Ø 30 mm
VZ ab 110,– / ST ab 160,–

Rand: E I N I G K E I T U N D R E C H T U N D F R E I H E I T

2 Jahrtausendfeier der Rheinlande 1925

Das Reich Karls des Großen vereinigte alle Rheinlande, die 843 im Vertrag von Verdun zum größten Teil an Lothringen fielen. Als 912 Lothringen sich Karl III. unterworfen hatte, brachte es Heinrich I. 925 durch Krieg zurück und stellte so den Bestand des Deutschen Reichs und der Rheinlande her.

(J. 322 –
Sch. 47 – AKS 60)
5 Reichsmark (S) 1925
Mz. A*D*E*F*G*J
∅ 36 mm
VZ ab 260,– / ST ab 350,–

Rand: E I N I G K E I T U N D R E C H T U N D F R E I H E I T

3 Jahrtausendfeier der Rheinlande 1925

Text siehe Nr. 2

(J. 323 – Sch. 48 – AKS 74)
3 Reichsmark (S) 1926
Mz. A
∅ 30 mm
VZ 330,– / ST 400,–

Rand: E I N I G K E I T U N D R E C H T U N D F R E I H E I T

4 700 Jahre Reichsfreiheit Lübeck 1926

Nachdem es Lübeck 1225 gelungen war, sich der dänischen Herrschaft zu entledigen, verlieh ihr Kaiser Friedrich II. 1226 die Reichsfreiheit, die es bis 1937 behielt.

(J. 325 – Sch. 49 – AKS 75)
3 Reichsmark (S) 1927
Mz. A
∅ 30 mm
VZ 350,– / ST 450,–

Rand: N A V I G A R E   N E C E S S E   E S T

5 Hundert Jahre Bremerhaven 1927

1827 wurde an der Unterweser von der Krone Hannover an Bremen ein Gebiet abgetreten, auf dem ein neuer bremischer Hafen angelegt und die Stadt Bremerhaven gegründet wurde. Seit 1947 gilt Bremerhaven als größter Hochseefischereihafen des europäischen Festlandes.

(J. 326 –
Sch. 50 – AKS 61)
5 Reichsmark (S)
1927, Mz. A
∅ 36 mm
VZ 900,– / ST 1250,–

Rand: N A V I G A R E   N E C E S S E   E S T

6 Hundert Jahre Bremerhaven 1927

Text siehe Nr. 5

(J. 327 – Sch. 51 – AKS 76)
3 Reichsmark (S)
1927, Mz. A
∅ 30 mm
VZ 320,– / ST 420,–

Rand: E I N I G K E I T U N D R E C H T U N D F R E I H E I T

7 Jahrtausendfeier der Reichsstadt Nordhausen 1927

Die thüringische Stadt Nordhausen am Harz wurde im Jahr 874 erstmalig urkundlich erwähnt und 927 von Heinrich I. zur Königspfalz erhoben. 1253 wurde Nordhausen Freie Reichsstadt.

(J. 328 – Sch. 52 – AKS 77)
3 Reichsmark (S)
1927, Mz. F
∅ 30 mm
VZ 850,– / ST 1100,–

Rand: E I N I G K E I T U N D R E C H T U N D F R E I H E I T

8 450 Jahre Universität Tübingen (1927)

Die Universität Tübingen wurde durch eine Stiftung des Grafen von Württemberg, Eberhard im Bart, im Jahre 1477 gegründet. Zu ihren bekanntesten Dozenten gehörten Melanchthon und Uhland; zu ihren bekanntesten Studenten Kepler, Hegel, Hauff, Hölderlin und Mörike.

(J. 329 –
Sch. 53 – AKS 62)
5 Reichsmark (S)
1927, Mz. F
∅ 36 mm
VZ 900,– / ST 1250,–

Rand: EINIGKEIT UND RECHT UND FREIHEIT

9 450 Jahre Universität Tübingen (1927)

Text siehe Nr. 8

(J. 330 – Sch. 54 – AKS 78)
3 Reichsmark (S)
1927, Mz. A
∅ 30 mm
VZ 280,– / ST 400,–

Rand: EINIGKEIT UND RECHT UND FREIHEIT

10 Philipps-Universität Marburg 1527–1927

Landgraf Philipp, genannt der Großmütige, führte 1524 die Reformation an, gründete mit dem eingezogenen Vermögen der Klöster 1527 die erste protestantische Universität in seiner Geburtsstadt Marburg an der Lahn.

(J. 332 – Sch. 55 – AKS 79)
3 Reichsmark (S)
1928, Mz. D
∅ 30 mm
VZ 900,– / ST 1250,–
s. a. Nr. 65 u. 256

Rand: E H R T E U R E D E U T S C H E N M E I S T E R

11 Albrecht Dürer – 400. Todestag 1928

Der Maler und Graphiker Albrecht Dürer (1471–1528) widmete seine Haupttätigkeit dem Kupferstich und dem Vorlagenzeichnen für den Holzschnitt. Er bewies seine Vielseitigkeit als Künstler auch in der Architektur und Bildhauerei.

(J. 333 – Sch. 56 – AKS 80)
3 Reichsmark (S)
1928, Mz. A
∅ 30 mm
VZ 360,– / ST 480,–

Rand: E I N I G K E I T U N D R E C H T U N D F R E I H E I T

12 Gründungsfeier Naumburg/Saale 1028–1928

Naumburg an der Saale wurde von Markgraf Hermann gegründet und erhielt 1028 von Konrad II. Stadt- und Marktrechte. 1030 wurde der Bischofssitz von Zeitz nach Naumburg verlegt. Berühmt und für die deutsche Kunstgeschichte von großer Bedeutung ist der Naumburger Dom (erbaut im 12. und 13 Jh.).

(J. 334 – Sch. 57 – AKS 81)
3 Reichsmark (S)
1928, Mz. D
∅ 30 mm
VZ 1300,– / ST 1700,–

Rand: E I N I G K E I T U N D R E C H T U N D F R E I H E I T

13 Tausend Jahre Dinkelsbühl 1928

Dinkelsbühl war schon 928 von Wall und Graben umgeben. Urkundlich kann Dinkelsbühl erstmals 1188 nachgewiesen werden. (»burgum Tinkelspuhel«). Ende des 13. Jahrhunderts wurde Dinkelsbühl freie Reichsstadt. Die noch heute gut erhaltene Stadtbefestigung entstand hauptsächlich im 14. und 15. Jh.

(J. 335 – Sch. 58 – AKS 82)
3 Reichsmark (S)
1929, Mz. A*D*E*F*G*J
Rand: Geriffelt
∅ 30 mm
VZ ab 150,– / ST ab 230,–
s. a. Nr. 82 u. 319

14 Gotthold Ephraim Lessing – 200. Geburtstag

Gotthold Ephraim Lessing, einer der großen Wegbereiter der deutschen Nationalliteratur, wurde am 22. Januar 1729 in Kamenz (Lausitz) geboren. Er verband die Gründlichkeit deutscher Gelehrsamkeit mit der Eleganz und Souveränität französischen ésprits.

(J. 336 –
Sch. 59 – AKS 63)
5 Reichsmark (S)
1929
Mz. A*D*E*F*G*J
Rand: Geriffelt
∅ 36 mm
VZ ab 300,– / ST ab 450,–

15 Gotthold Ephraim Lessing – 200. Geburtstag

Text siehe Nr. 14

(J. 337 – Sch. 60 – AKS 83)
3 Reichsmark (S)
1929, Mz. A
∅ 30 mm
VZ 320,– / ST 420,–

Rand: E I N I G K E I T U N D R E C H T U N D F R E I H E I T

16 Vereinigung Waldecks mit Preußen

Die Grafschaft Waldeck gibt es seit dem 12. Jahrhundert. Von 1712 bis 1918 war es Fürstentum und von 1918 bis 1929 Freistaat. Die Vereinigung Waldecks mit Preußen erfolgte am 1. April 1929. Seit 1946 gehört Waldeck zu Hessen.

(J. 338 – Sch. 61 – AKS 84)
3 Reichsmark (S)
1929, Mz. E
∅ 30 mm
VZ 150,– / ST 200,–
s. a. Nr. 208

Rand: E I N I G K E I T U N D R E C H T U N D F R E I H E I T

17 Tausend Jahre Burg und Stadt Meißen

Durch Teilung der großen Sorbenmark wurde im Jahr 928 die Burgfestung Meißen als Zwingburg gegen die Daleminzier gegründet. Die Gründung der Stadt Meißen erfolgte durch Heinrich I. im Jahr 929. Seit 1423 gehört Meißen zu Sachsen.

(J. 339 –
Sch. 62 – AKS 64)
5 Reichsmark (S)
1929, Mz. E
Rand: Geriffelt
∅ 36 mm
VZ 950,– / ST 1350,–

18 Tausend Jahre Burg und Stadt Meißen

Text siehe Nr. 17

(J. 340 – Sch. 63 – AKS 85)
3 Reichsmark (S)
1929, Mz. A*D*E*F*G*J
∅ 30 mm
VZ ab 110,– / ST ab 140,–
s. a. Nr. 1

Rand: E I N I G K E I T   U N D   R E C H T   U N D   F R E I H E I T

19 10 Jahre Weimarer Verfassung

Die 1919 in Weimar tagende Verfassungsgebende Nationalversammlung setzte am 11. August die sogenannte »Weimarer Verfassung« in Kraft. Reichsorgane waren: Reichspräsident, Reichstag, Reichsrat der Länder, Reichsregierung und Reichsgerichte. Der Reichspräsident wurde unmittelbar vom ganzen deutschen Volk gewählt. Auf der Münzrückseite ist der Reichspräsident Hindenburg abgebildet.

(J. 341 –
Sch. 64 – AKS 65)
5 Reichsmark (S)
1929
Mz. A*D*E*F*G*J
Rand: Geriffelt
∅ 36 mm
VZ ab 290,– /
ST ab 420,–

20 10 Jahre Weimarer Verfassung

Text siehe Nr. 19

(J. 342 – Sch. 65 – AKS 86)
3 Reichsmark (S)
1929, Mz. A*D*E*F*G*J
∅ 30 mm
VZ ab 190,– / ST ab 240,–

Rand: E I N I G K E I T U N D R E C H T U N D F R E I H E I T

21 Graf Zeppelin – Weltflug 1929

Das Luftschiff LZ 127 »Graf Zeppelin« wurde in den Jahren 1927–1928 gebaut. Es war 235,5 m lang und hatte einen Durchmesser von 30,5 m. Am 15. August 1929 startete »Graf Zeppelin« in Friedrichshafen am Bodensee mit 61 Personen zu einem Weltflug. In 22 Tagen fand die erste und einzige Erdumrundung mit einem Luftschiff statt.

(J. 343 –
Sch. 66 – AKS 66)
5 Reichsmark (S)
1929
Mz. A*D*E*F*G*J
Rand: Geriffelt
∅ 36 mm
VZ ab 350,– /
ST ab 500,–

22 Graf Zeppelin – Weltflug 1929

Text siehe Nr. 21

(J. 344 – Sch. 67 – AKS 87)
3 Reichsmark (S)
1930, Mz. A*D*E*F*G*J
∅ 30 mm
VZ ab 190,– / ST ab 250,–
s. a. Nr. 80 und 403

Rand: EINIGKEIT UND RECHT UND FREIHEIT

23 Walther von der Vogelweide – 700. Todestag

Walther von der Vogelweide, der größte deutsche Lyriker des Mittelalters, wurde um 1170 vermutlich in Südtirol geboren. Seine politischen Gedichte forderten eine zielbewußte Reichspolitik; die »Kaisersprüche« traten für ein starkes Kaisertum ein und die »Papstsprüche« wiesen die Ansprüche der Kurie zurück. Am stärksten wirkte er durch seine Liebeslieder.

(J. 345 – Sch. 68 – AKS 88)
3 Reichsmark (S)
1930, Mz. A*D*E*F*G*J
∅ 30 mm
VZ ab 140,– / ST ab 170,–

Rand: EINIGKEIT UND RECHT UND FREIHEIT

24 Der Rhein, Deutschlands Strom, nicht Deutschlands Grenze

Die Bedeutung des Rheins für die deutsch-französische Grenze geht zurück auf seine Funktion als römische Grenze gegen Germanien. Schon seit dem 14. Jahrhundert erstrebte Frankreich den Rhein als feste Ostgrenze. Nach dem für Deutschland verlorenen 1. Weltkrieg forderte Frankreich erneut die gesamte Rheingrenze. Dank der englischen Haltung (Youngplan) wurde 1926 die erste Rheinlandzone und 1930 die zweite frei.

(J. 346 –
Sch. 69 – AKS 67)
5 Reichsmark (S)
1930
Mz. A*D*E*F*G*J
Rand: Geriffelt
∅ 36 mm
VZ ab 350,– /
ST ab 500,–

25 Der Rhein, Deutschlands Strom, nicht Deutschlands Grenze

Text siehe Nr. 24

(V. 347 – Sch. 70 – AKS 89)
3 Reichsmark (S)
1931, Mz. A
∅ 30 mm
VZ 450,– / ST 600,–

Rand: E I N I G K E I T U N D R E C H T U N D F R E I H E I T

26 300. Jahrestag des Brandes Magdeburgs

Während des Dreißigjährigen Krieges griff im Mai 1631 Tilly nach langer Belagerung durch 25000 Mann das von nur 2000 Mann verteidigte Magdeburg an. Als die Übermacht zu groß wurde, steckten die Überrannten ihre eigene Stadt an. Sie wollten Magdeburg lieber zerstören, als es in die Hände des Feindes fallen lassen. Die Kaiserlichen rächten sich für die Vernichtung der erhofften Beute durch maßlose Grausamkeiten.

(J. 348 – Sch. 71 – AKS 90)
3 Reichsmark (S)
1931, Mz. A.
∅ 30 mm
VZ 330,– / ST 450,–
s. a. Nr. 83 u. 322

Rand: EINIGKEIT UND RECHT UND FREIHEIT

27 Karl Reichsfreiherr vom Stein – 100. Todestag

Karl Reichsfreiherr vom Stein (1757–1831) war seit 1780 im preußischen Staatsdienst, seit 1804 Minister und seit 1807 an der Spitze der preußischen Verwaltung, deren grundlegende Reform er begann. Er führte die Bauernbefreiung durch und regelte in der Städteordnung von 1808 die städtische Selbstverwaltung. 1812 war er Berater des Zaren Alexander I. Als solcher organisierte er mit York u. a. die Erhebung Preußens und den endgültigen Sieg über Napoleon.

(J. 350 – Sch. 73 – AKS 91)
3 Reichsmark (S)
1932, Mz. A*D*E*F*G*J
∅ 30 mm
VZ ab 220,– / ST ab 270,–

Rand: ALLEN GEWALTEN ZUM TRUTZ SICH ERHALTEN *

28 Johann Wolfgang von Goethe – 100. Todestag

Johann Wolfgang von Goethe (1749–1832) gilt als einer der bedeutendsten Dichter der Weltliteratur. Mit dem Drama »Götz von Berlichingen« und mit dem Roman »Die Leiden des jungen Werther« gewann er schlagartig Weltruhm. Der Dichter des »Faust« wirkte zu Lebzeiten und in der Nachwelt vor allem durch eine noch nicht dagewesene Universalität von Bildung, Kenntnissen und Fähigkeiten.

(J. 351 –
Sch. 74 – AKS 68)
5 Reichsmark (S)
1932
Mz. A*D*E*F*G*J
∅ 36 mm
VZ ab 4500,– /
ST ab 5500,–

Rand: ALLEN GEWALTEN ZUM TRUTZ SICH ERHALTEN *

29 Johann Wolfgang von Goethe – 100. Todestag

Text siehe Nr. 28

(J. 352 – Sch. 75 – AKS 92)
2 Reichsmark (S)
1933, Mz. A*D*E*F*G*J
∅ 25 mm
VZ ab 75,– / ST ab 125,–
s. a. Nr. 87, 224, 225, 242, 243,
324 u. 331

Rand: EIN FESTE BURG IST UNSER GOTT +

30 Martin Luther – 450. Geburtstag

Martin Luther (1483–1546) gilt als Bahnbrecher der Reformation und der deutschen Hochsprache. Der Mißbrauch des Ablaßhandels wurde zum äußeren Anlaß der Auseinandersetzung mit dem Papsttum, den berühmten »95 Thesen«, die Luther 1517 an der Schloßkirche zu Wittenberg anschlug. Kurfürst Friedrich der Weise von Sachsen schützte ihn und hielt ihn auf der Wartburg verborgen; dort übersetzte Luther das »Neue Testament« ins Deutsche.

(J. 353 – Sch. 76 – AKS 69)
5 Reichsmark (S)
1933, Mz. A*D*E*F*G*J
∅ 29 mm
VZ ab 320,– / ST ab 400,–

Rand: E I N F E S T E B U R G I S T U N S E R G O T T +

31 Martin Luther – 450. Geburtstag

Text s. Nr. 30

(J. 355 – Sch. 78 – AKS 93)
2 Reichsmark (S)
1934, Mz. A*D*E*F*G*J
∅ 25 mm
VZ ab 55,– / ST ab 160,–

Rand: G E M E I N N U T Z G E H T V O R E I G E N N U T Z

32 1. Jahrestag der Reichstagseröffnung in der Garnisonskirche Potsdam

Als Hitler nach dem Brand des Reichstagsgebäudes den Reichspräsidenten von Hindenburg am 21. März 1933 in der Potsdamer Kirche zur Eröffnung des neuen Reichstages traf, nützte er geschickt die Gefühle des greisen Generalfeldmarschalls und weiter Kreise des deutschen Volkes für seine Politik aus.

(J. 356 – Sch. 79 – AKS 70)
5 Reichsmark (S)
1934, Mz. A*D*E*F*G*J
∅ 29 mm
VZ ab 75,– / ST ab 200,–

Rand: GEMEINNUTZ GEHT VOR EIGENNUTZ

33 1. Jahrestag der Reichstagseröffnung in der Garnisonskirche Potsdam

Text siehe Nr. 32

(J. 358 – Sch. 81 – AKS 94)
2 Reichsmark (S)
1934, Mz. F.
∅ 25 mm
VZ 190,– / ST 250,–
s. a. Nr. 52 u. 309

Rand: + ANS VATERLAND ANS TEURE SCHLIESS DICH AN

34 Friedrich Schiller – 175. Geburtstag 1934

Der Dichter Friedrich von Schiller wurde am 10. November 1759 in Marbach/Neckar geboren. Sein erstes Theaterstück »Die Räuber« wurde ein überwältigender Erfolg. Seine Dramen »Don Carlos«, »Wallenstein«, »Maria Stuart«, »Die Braut von Messina« und »Wilhelm Tell« machten ihn zu dem am meisten aufgeführten deutschen Theaterautor. Am 9. Mai 1805 starb Schiller in Weimar.

(J. 359 – Sch. 82 – AKS 71)
5 Reichsmark (S)
1934, Mz. F
∅ 29 mm
VZ 560,– / ST 780,–

Rand: + ANS VATERLAND ANS TEURE SCHLIESS DICH AN

35 Friedrich Schiller – 175. Geburtstag 1934

Text siehe Nr. 34

(J. 360 – Sch. 83 – AKS 27)
5 Reichsmark (S)
1935–1936,
Mz. A*D*E*F*G*J
∅ 29 mm
VZ ab 30,– / ST ab 45,–

Rand: GEMEINNUTZ GEHT VOR EIGENNUTZ

36 Paul von Hindenburg 1847–1934

Paul von Beneckendorff und von Hindenburg wurde am 2. Oktober 1847 in Posen geboren. Trotz einiger militärischer Erfolge im 1. Weltkrieg empfahl er im Herbst 1918 den Waffenstillstand. 1925 wurde er als Kandidat der Rechtsparteien zum Reichspräsidenten gewählt. 1932 erfolgte die Wiederwahl gegen Hitler mit Unterstützung Brünings und der demokratischen Parteien. Von seiner Umgebung gedrängt, berief er im Januar 1933 den von ihm nicht durchschauten Hitler zum Reichskanzler.

(J. 366 – Sch. 89 – AKS 33)
2 Reichsmark (S)
1936–1939, Mz. A*B*D*E*F*G*J
∅ 25 mm
VZ ab 8,– / ST ab 25,–

Rand: G E M E I N N U T Z G E H T V O R E I G E N N U T Z

37 Paul von Hindenburg 1847–1934

Text siehe Nr. 36

(J. 367 – Sch. 90 – AKS 28)
5 Reichsmark (S)
1936–1939, Mz. A*B*D*E*F*G*J
∅ 29 mm
VZ ab 30,– / ST ab 45,–

Rand: G E M E I N N U T Z G E H T V O R E I G E N N U T Z

38 Paul von Hindenburg 1847–1934

Text siehe Nr. 36

(J. 392 – Sch. 115 – AKS 111)
2 DM (K-N)
1957–1971, Mz. D*F*G*J
∅ 26,75 mm
VZ ab 3,– / ST ab 5,–
s. a. Nr. 217, 223, 815 u. 816

Rand: EINIGKEIT UND RECHT UND FREIHEIT

41 Max Planck – 10. Todestag

Der Physiker Max Planck (1858–1947) befaßte sich vor allem mit der Wärmestrahlung und stellte ein nach ihm benanntes Strahlungsgesetz (Planck-sche Konstante oder Wirkungsquantum) auf, das den Anstoß für die Entwicklung der Quantentheorie gab. 1918 erhielt er hierfür den Nobelpreis für Physik.

(J. 406 – Sch. 124 – AKS 112)
2 DM (K-N)
1969–1987, Mz. D*F*G*J
∅ 26,75 mm
VZ ab 3,– / ST ab 4,–

Rand: EINIGKEIT UND RECHT UND FREIHEIT

42 Konrad Adenauer (20 Jahre Grundgesetz) 1949–1969

Konrad Adenauer (1876–1967) war der erste Bundeskanzler der Bundesrepublik Deutschland (1949–1963). Das 1949 verkündete deutsche Grundgesetz enthält in 146 Artikeln die Grundrechte sowie Bestimmungen über Bund und Länder, Bundestag, Bundesrat, Bundespräsident, Bundesregierung, Gesetzgebung, Rechtsprechung, Bundesverwaltung und Finanzwesen.

(J. 407 – Sch. 125 – AKS 113)
2 DM (K-N)
1970–1987, Mz. D*F*G*J
∅ 26,75 mm
VZ ab 3,– / ST ab 4,–

Rand: EINIGKEIT UND RECHT UND FREIHEIT

43 Theodor Heuss (20 Jahre Grundgesetz) 1949–1969

Theodor Heuss (1884–1963) war der erste Bundespräsident der Bundesrepublik Deutschland (1949–1959). Das 1949 verkündete deutsche Grundgesetz enthält in 146 Artikeln die Grundrechte sowie Bestimmungen über Bund und Länder, Bundestag, Bundesrat, Bundespräsident, Bundesregierung, Gesetzgebung, Rechtsprechung, Bundesverwaltung und Finanzwesen.

(J. 424 – Sch. 148 – AKS 114)
2 DM (K-N)
1979 – Mz. A*D*F*G*J
∅ 26,75 mm
VZ ab 2,– / ST ab 2,–

Rand: EINIGKEIT UND RECHT UND FREIHEIT

44 Kurt Schumacher (30 Jahre Grundgesetz) 1949–1979

Kurt Schumacher (1895–1952) war von 1949 bis 1952 Vorsitzender der SPD-Bundestagsfraktion. Das 1949 verkündete deutsche Grundgesetz enthält in 146 Artikeln die Grundrechte sowie Bestimmungen über Bund und Länder, Bundestag, Bundesrat, Bundespräsident, Bundesregierung, Gesetzgebung, Rechtsprechung, Bundesverwaltung und Finanzwesen.

(J. 445 – Sch. 167 – AKS 115)
2 DM (K-N)
1988 – Mz. A*D*F*G*J
∅ 26,75 mm
VZ ab 2,– / ST 2,–

Rand: E I N I G K E I T U N D R E C H T U N D F R E I H E I T

45 Ludwig Erhard (40 Jahre) Deutsche Mark 1948–1988

Ludwig Erhard (1897–1977) war der erste Wirtschaftsminister und zweite Bundeskanzler der Bundesrepublik Deutschland (1963–1966).
Seine Erfolge als Wirtschaftsminister brachten ihm den Namen »Vater der D-Mark« ein.

(J. 450 – Sch. 173 – AKS 116)
2 DM (K-N)
1990 – Mz. A*D*F*G*J
∅ 26,75 mm
VZ ab 2,– / ST ab 2,–

Rand: E I N I G K E I T U N D R E C H T U N D F R E I H E I T

46 Franz-Josef Strauß (40 Jahre Grundgesetz) 1949–1989

Franz-Josef Strauß (1915–1988) leitete seit 1953 mehrere Bundesministerien und war bis zu seinem Tod CSU-Vorsitzender und bayerischer Ministerpräsident.
Das 1949 verkündete deutsche Grundgesetz enthält in 146 Artikeln die Grundrechte sowie Bestimmungen über Bund und Länder, Bundestag, Bundesrat, Bundespräsident, Bundesregierung, Gesetzgebung, Rechtsprechung, Bundesverwaltung und Finanzwesen.

(J. 388 – Sch. 111 – AKS 210)
5 DM (S)
1952, Mz. D
∅ 29 mm
VZ / ST 2450,– / PP 7000,–

Rand: E I N I G K E I T U N D R E C H T U N D F R E I H E I T

51 100 Jahre Germanisches Museum 1952

Das Germanische Nationalmuseum in Nürnberg, 1852 eröffnet, vereinigt als einzige Sammlung Kunst und Kultur aller deutschen Stämme und Landschaften von der Frühzeit bis zum 19. Jahrhundert. Die auf der Münze dargestellte Adlerfibel (Gold mit Almandinen) gehörte einer ostgotischen Fürstin um 500 n. Chr.

(J. 389 – Sch. 112 – AKS 211)
5 DM (S)
1955, Mz. F
∅ 29 mm
VZ / ST 1550,– / PP 3500,–
s. a. Nr. 34 und 309

Rand: S E I D E I N I G E I N I G E I N I G

52 Friedrich von Schiller – 150. Todestag 1955

Friedrich von Schiller (1759–1805) ist einer der bedeutendsten deutschen Dichter. Seine Werke umfassen historische Arbeiten, ästhetisch-philosophische Schriften, philosophische und satirische Gedichte, Balladen, Übersetzungen und Dramen. Bekannt wurde er mit dem revolutionären Drama »Die Räuber«. So unterschiedlich seine Dramen auch sind, gemeinsam ist ihnen die Kunst des Dramatikers, in packenden, ausgewogenen Dialogen lebendige Charaktere zu gestalten, die sein Ideal vom Menschen, der Wahrheit und Sittlichkeit verkörpern.

(J. 390 – Sch. 113 – AKS 212)
5 DM (S)
1955, Mz. G
∅ 29 mm
VZ / ST 1450,– / PP 3700,–

Rand: S C H I L D D E S R E I C H E S

53 Ludwig Wilhelm Markgraf von Baden – 300. Geburtstag 1955

Ludwig Wilhelm I. (1655–1707), in Paris geboren, wuchs in Baden-Baden auf, war seit 1677 Markgraf von Baden und zog 1683 vor das von Türken belagerte Wien. Mit dem Kommando der gesamten kaiserlichen Armee in Ungarn betraut, schlug er die Türken bei Nissa. Seitdem wurde er vom Volk der »Türkenlouis« genannt.

(J. 391 – Sch. 114 – AKS 213)
5 DM (S)
1957, Mz. J
∅ 29 mm
VZ / ST 1450,– / PP 3700,–

Rand: GRÜSS · DICH · DEUTSCHLAND · AUS · HERZENSGRUND

54 Joseph Freiherr von Eichendorff – 100. Todestag 1957

Der Dichter Joseph Freiherr von Eichendorff (1788–1857) war der bedeutendste Dichter der deutschen Hochromantik. Seine Themen sind Natur, Sehnsucht, Wander- und Lebensfreude. Die bekanntesten Werke: »Aus dem Leben eines Taugenichts« und »Ahnung und Gegenwart«.

(J. 393 – Sch. 116 – AKS 214)
5 DM (S)
1964, Mz. J
∅ 29 mm
VZ / ST 500,– / PP 2000,–
s. a. Nr. 292 und 314

Rand: NUR DAS MACHT GLÜCKSELIG, WAS GUT IST

55 Johann Gottlieb Fichte – 150. Todestag 1964

Der Philosoph Johann Gottlieb Fichte (1762–1814) war neben Hegel und Schelling Vertreter des deutschen Idealismus. Mittelpunkt seiner Lehre ist das schöpferische Ich, das sich selbst frei setzt und menschlicher Vervollkommnung fähig ist. Er erhob als erster den dialektischen Dreischritt (These – Antithese – Synthese) zur Grundlage philosophischen Denkens. Hauptwerk: »Grundlage der gesamten Wissenschaftslehre«.

(J. 394 – Sch. 117 – AKS 215)
5 DM (S)
1966, Mz. D
∅ 29 mm
VZ / ST 85,– / PP 260,–
s. a. Nr. 301

Rand: MAGNUM TOTIUS GERMANIAE DECUS

56 Gottfried Wilhelm Leibniz – 250. Todestag 1966

Gottfried Wilhelm Leibniz (1646–1716) gilt als einer der letzten großen Universalgelehrten. Er entwickelte unabhängig von Newton die Differential- und Integralrechnung. Bedeutende Forschungen und Arbeiten als Theologe, Historiker, Rechts- und Sprachwissenschaftler, besonders als Philosoph.

(J. 395 – Sch. 118 – AKS 216)
5 DM (S)
1967, Mz. F
Ø 29 mm
VZ / ST 95,– / PP 430,–
s. a. Nr. 282 u. 302

Rand: FREIHEIT ERHOEHT · ZWANG ERSTICKT UNSERE KRAFT

57 Wilhelm und Alexander von Humboldt – 200. Geburtstag

Wilhelm Freiherr von Humboldt (1767–1835), Staatsmann, Philosoph und Sprachforscher, war ein führender Vertreter des humanistischen Bildungsideals. Alexander Freiherr von Humboldt (1769–1859), Naturforscher, gilt als Begründer der Pflanzen- und Tiergeographie und einer Klimalehre sowie als Schöpfer der physikalischen Erdbeschreibung.

(J. 396 – Sch. 119 – AKS 217)
5 DM (S)
1968, Mz. J
Ø 29 mm
VZ / ST 18,– / PP 110,–

Rand: EINER FÜR ALLE · ALLE FÜR EINEN

58 Friedrich Wilhelm Raiffeisen – 150. Geburtstag

Friedrich Wilhelm Raiffeisen (1818–1888) ist Gründer des ländlichen Genossenschaftswesens. Seine Idee »Einer für alle – alle für einen« half in der Mitte des 19. Jahrhunderts die Not bannen und den wirtschaftlichen Aufbau zu fördern. Das »Raiffeisen-System« wurde bald über die Grenzen seiner Heimat bekannt.

(J. 397 – Sch. 120 – AKS 219)
5 DM (S)
1968, Mz. G
∅ 29 mm
VZ / ST 40,– / PP 185,–
s. a. Nr. 253

Rand: · GESEGNET SEI WER DIE SCHRIFT ERFAND

59 Johannes Gutenberg – 500. Todestag

Johannes Gutenberg (1397–1468) ist der Erfinder des Buchdrucks mit Einzellettern. Das wichtigste seiner Erfindung war das Gießinstrument für die einzelnen Lettern. Seine größten Werke sind die 42zeilige Bibel in lateinischer Sprache (um 1455) und das »Katholikon« (1460).

(J. 398 – Sch. 121 – AKS 218)
5 DM (S)
1968, Mz. D
∅ 29 mm
VZ / ST 32,– / PP 115,–

Rand: HYGIENE STREBT, DER ÜBEL WURZEL AUSZUROTTEN

60 Max von Pettenkofer – 150. Geburtstag

Max von Pettenkofer (1818–1901), Mediziner und Begründer der wissenschaftlichen Hygiene, begann 1855 seine Studien über die Cholera und deren Beziehungen zum Grundwasser.
Diese Untersuchungen gaben den Anstoß zu den umfangreichsten Ermittlungen zahlreicher Forscher, die sich bald darauf auch auf den Typhus ausdehnten.

(J. 399 – Sch. 122 – AKS 220)
5 DM (S)
1969, Mz. G
Ø 29 mm
VZ / ST 38,– / PP 75,–

Rand: D E R F R E I E – N U R I S T T R E U

61 Theodor Fontane – 150. Geburtstag

Der Dichter Theodor Fontane (1819–1898) wurde zunächst durch Gedichte und Balladen bekannt, später durch seine realistischen Gesellschaftsromane wie »Frau Jenny Treibel« und »Effi Briest«.

(J. 400 – Sch. 123 – AKS 221)
5 DM (S)
1969, Mz. F
Ø 29 mm
VZ / ST 10,– / PP 40,–

Rand: T E R R A E D E S C R I P T I O A D U S U M N A V I G A N T I U M

62 Gerhard Mercator – 375. Todestag

Der Geograph und Kartograph Gerhard Mercator (1512–1594) ist Schöpfer der ersten modernen Seekarten. Er entwickelte ein Verfahren zur winkelgetreuen Abbildung der Erdoberfläche (Mercatorprojektion), das bis heute die Grundlage für die Herstellung von Seekarten bildet. Seine gesammelten Karten erschienen kurz nach seinem Tod als erster Atlas.

(J. 408 – Sch. 126 – AKS 222)
5 DM (S)
1970, Mz. F
∅ 29 mm
VZ / ST 14,– / PP 40,–
s. a. Nr. 255

Rand: ALLE MENSCHEN WERDEN BRÜDER

63 Ludwig van Beethoven – 200. Geburtstag

Ludwig van Beethoven (1770–1827) war einer der ersten bedeutenden Komponisten, deren Werke Ausdruck eigener Persönlichkeit, eigenen Erlebnisses und eigenen Schicksals sind. Auf dem Gebiet der Klavierkomposition, sowohl in der Form des Konzerts als auch der Sonate und Variation, zeigte er sich bahnbrechend. Er gilt als Schöpfer der modernen Instrumentalmusik.

(J. 409 – Sch. 127 – AKS 223)
5 DM (S)
1971, Mz. G
∅ 29 mm
VZ / ST 17,– / PP 50,–

Rand: EINIGKEIT UND RECHT UND FREIHEIT

64 100. Jahrestag der Gründung des Deutschen Reichs

Die von Bismarck herbeigeführte Gründung des Deutschen Reichs wurde mit der Proklamation Wilhelms I. an das deutsche Volk am 17. Januar 1871 eröffnet. Am nächsten Tag wurde im Spiegelsaal des französischen Königsschlosses in Versailles die feierliche Verkündigung der Annahme der Kaiserkrone und der Herstellung des Deutschen Reichs vor Fürsten, Prinzen und Offizieren bekanntgegeben.

(J. 410 – Sch. 128 – AKS 224)
5 DM (S)
1971, Mz. D
∅ 29 mm
VZ / ST 8,– / PP 65,–
s. a. Nr. 11 u. 256

Rand: DER ALLER EDELST SINN DER MENSCHEN IST SEHEN

65 Albrecht Dürer – 500. Geburtstag

Albrecht Dürer (1471–1528) war Maler, Zeichner, Kupferstecher und Radierer. In seiner Kunst durchdringen sich Spätgotik und Renaissance; christliche und weltliche Themen beherrschen in gleicher Weise sein Werk. Dürer war Humanismus und Reformation gleichermaßen aufgeschlossen.

(J. 411 – Sch. 135 – AKS 225)
5 DM (S)
1973, Mz. J
∅ 29 mm
VZ / ST 8,– / PP 27,–
s. a. Nr. 205

Rand: IN MEDIO OMNIUM RESIDET SOL

66 Nikolaus Kopernikus – 500. Geburtstag

Der Astronom Nikolaus Kopernikus (1473–1543) erkannte als erster, daß die Erde ein Planet ist und mit anderen Planeten die Sonne umkreist. Seine Auffassung konnte sich aber erst nach den Arbeiten von Galilei und Kepler gegen die alte Lehre durchsetzen, die die Erde im Mittelpunkt der Welt sah.

(J. 412 – Sch. 136 – AKS 226)
5 DM (S)
1973, Mz. F
∅ 29 mm
VZ / ST 8,– / PP 25,–

Rand: E I N I G K E I T   R E C H T   F R E I H E I T

67 125. Jahrestag der Frankfurter Nationalversammlung

Am 18. Mai 1848 traten in der Frankfurter Paulskirche die 586 Abgeordneten der Deutschen Nationalversammlung zusammen mit dem Ziel, einen deutschen Nationalstaat zu schaffen und ihm eine Verfassung zu geben. Der Versuch, Deutschland zu einigen, scheiterte u. a. an den unvereinbaren Interessen der beteiligten Personen und Mächte.

(J. 413 – Sch. 137 – AKS 227)
5 DM (S)
1974, Mz. F
∅ 29 mm
VZ / ST 8,– / PP 25,–
s. a. Nr. 42, 43, 44

Rand: D I E   M E N S C H E N W Ü R D E   I S T   U N A N T A S T B A R

68 25 Jahre Grundgesetz der Bundesrepublik Deutschland

Das am 8. Mai 1949 verabschiedete Grundgesetz der Bundesrepublik Deutschland enthält in 146 Artikeln die Grundrechte sowie Bestimmungen über Bund und Länder, Bundestag, Bundesrat, Bundespräsident, Bundesregierung, Gesetzgebung, Rechtsprechung, Bundesverwaltung und Finanzwesen.

(J. 414 – Sch. 138 – AKS 228)
5 DM (S)
1974, Mz. D
∅ 29 mm
VZ / ST 8,– / PP 34,–
s. a. Nr. 314

Rand: . . . ACHTUNG FUERS MORALISCHE GESETZ

69 Immanuel Kant – 250. Geburtstag

Der Philosoph Immanuel Kant (1724–1804) begründete mit seinem Hauptwerk »Kritik der reinen Vernunft« die neue Erkenntnistheorie (ein Teil der Philosophie, die nach Wegen, Möglichkeiten und Grenzen menschlicher Erkenntnis fragt).

(J. 416 – Sch. 139 – AKS 229)
5 DM (S)
1975, Mz. J
∅ 29 mm
VZ / ST 8,– / PP 30,–

Rand: DES VOLKES WOHL IST MEINER ARBEIT ZIEL

70 Friedrich Ebert – 50. Todestag

Der Politiker Friedrich Ebert (1871–1925) erwarb sich seine historische Bedeutung am Ende des Ersten Weltkrieges als Leiter des »Rates der Volksbeauftragten« und als erster Reichspräsident der Weimarer Republik während ihrer schwersten Krisen (Kommunistenaufstände, Kapp-Putsch, Hitler-Putsch).

(J. 417 Sch. 142 – AKS 230)
5 DM (S)
1975, Mz. F
∅ 29 mm
VZ / ST 8,– / PP 25,–
s. a. Nr. 811

Rand: Z U K U N F T F Ü R U N S E R E V E R G A N G E N H E I T

71 Europäisches Denkmalschutzjahr 1975

Unermeßliche und unersetzliche historische Werte in Dörfern und Städten Europas sind mehr und mehr vom Zerfall bedroht oder unsachgemäßen Veränderungen ausgesetzt, ja sogar zum Abbruch verurteilt. Der Europarat hat deshalb das Jahr 1975 zum Europäischen Jahr des Denkmalschutzes ausgerufen. Man versucht das Interesse der Europäer für das gemeinsame architektonische Erbe zu wecken.

(J. 418 – Sch. 141 – AKS 231)
5 DM (S)
1975, Mz. G
∅ 29 mm
VZ / ST 8,– / PP 28,–
s. a. Nr. 264

Rand: E H R F U R C H T V O R D E M L E B E N

72 Albert Schweitzer – 100. Geburtstag

Albert Schweitzer (1875–1965) studierte zuerst Theologie, dann Medizin und ging 1913 als Missionsarzt nach Lambaréne (Gabun), wo er ein großes Tropenkrankenhaus mit einer Leprastation aufbaute. Als Musiker zeichnete er sich durch Herausgabe und Interpretation der Orgelwerke Bachs aus. 1952 erhielt Albert Schweitzer den Friedensnobelpreis.

(J. 419 – Sch. 143 – AKS 232)
5 DM (S)
1976, Mz. D
∅ 29 mm
VZ / ST 8,– / PP 45,–

Rand: D E R A B E N T H E U R L I C H E S I M P L I C I S S I M U S

73 Hans Jacob Christoph von Grimmelshausen – 300. Todestag

Der Dichter Hans Jacob Christoph von Grimmelshausen (1621–1676) zeichnete in dem Barockroman »Der Abenteuerliche Simplicissimus Teutsch« ein drastisches Bild vom Dreißigjährigen Krieg. Die Bildseite der Münze zeigt eine Wiedergabe des Titelbildes der Originalausgabe des Simplicissimus (Fabelwesen mit aufgeschlagenem Buch).

(J. 420 – Sch. 144 – AKS 233)
5 DM (S)
1977, Mz. J
∅ 29 mm
VZ / ST 8,– / PP 45,–
s. a. Nr. 317

Rand: P A U C A * * S E D * * M A T U R A

74 Carl Friedrich Gauß – 200. Geburtstag

Carl Friedrich Gauß (1777–1855), der »Fürst der Mathematiker«, Astronom, Physiker und Geodät. Seine Zahlentheorie (»Gaußsche Zahlenebene«) war bahnbrechend für die moderne Mathematik. Zusammen mit W. Weber konstruierte er die ersten elektrischen Telegraphen. Nach Gauß ist die Einheit der magnetischen Induktion benannt.

(J. 421 – Sch. 145 – AKS 234)
5 DM (S)
1977, Mz. G
∅ 29 mm
VZ / ST 8,– / PP 33,–
s. a. Nr. 232

Rand: FRIEDEN IST DIE BEDINGUNG DOCH VON ALLEM GLÜCK –

75 Heinrich von Kleist – 200. Geburtstag

Heinrich von Kleist (1777–1811) ist einer der großen Dramatiker, aber auch ein Meister des Lustspiels (»Der zerbrochene Krug«).
Seine große Sprachkunst entfaltete sich auch in seinen zahlreichen Novellen (z. B. »Michael Kohlhaas«). Außerdem hat er viele Gedichte, Anekdoten und Essays geschrieben.

(J. 422. – Sch. 146 – AKS 235)
5 DM (S)
1978, Mz. D
∅ 29 mm
VZ / ST 8,– / PP 28,–

Rand: DURCH FRIEDEN UND VERSTÄNDIGUNG SIEGEN

76 Gustav Stresemann – 100. Geburtstag

Gustav Stresemann (1878–1929) versuchte als Außenminister der Weimarer Republik in den Jahren 1923–1929 unter äußerst schwierigen Bedingungen eine Verständigung mit den Siegermächten, besonders Frankreich, zu erreichen. Als erster Deutscher erhielt er zusammen mit dem Franzosen Briand 1926 den Friedensnobelpreis.

(J. 423 – Sch. 147 – AKS 236)
5 DM (S)
1978, Mz. F
∅ 29 mm
VZ / ST 8,– / PP 24,–

Rand: WALLFAHRTSKIRCHE VIERZEHNHEILIGEN 1743–1772

77 Balthasar Neumann – 225. Todestag

Balthasar Neumann (1687–1753) war einer der großen Architekten des deutschen Barocks. In den weiträumigen Treppenhäusern seiner Schlösser verbinden sich Einflüsse des italienisch-österreichischen Barocks mit klassizistischen Strömungen Frankreichs.

(J. 425 – Sch. 149 – AKS 237)
5 DM (S)
1979, Mz. J
∅ 29 mm
VZ / ST 8,– / PP 32,–

Rand: MONUMENTIS AC LITTERIS

78 150 Jahre Deutsches Archäologisches Institut

Das Deutsche Archäologische Institut wurde 1829 von einem internationalen Freundeskreis aus Gelehrten, Künstlern und Diplomaten auf dem Capitol in Rom gegründet. Das Institut hat sich zur Aufgabe gestellt, möglichst international und umfassend Forschungen auf dem Gebiet der Archäologie und ihrer Nachbarwissenschaften zu betreiben.

(J. 426 – Sch. 150 – AKS 238)
5 DM (N, K-N platt.)
1979, Mz. G
∅ 29 mm
VZ / ST 13,– / PP 18,–

Rand: ERSTE SPALTUNG DES URANKERNS 1938

79 Otto Hahn – 100. Geburtstag

Der Chemiker Otto Hahn (1879–1968) beschäftigte sich seit 1904 mit der Untersuchung radioaktiver Stoffe. Zusammen mit Fritz Straßmann entdeckte er im Dezember 1938, daß aus Uran durch Bestrahlen mit Neutronen Barium entsteht und deutete den experimentellen Befund richtig als Spaltung des Urankerns. Für diese Entdeckung erhielt er 1944 den Nobelpreis für Chemie.

(J. 427 – Sch. 151 – AKS 240)
5 DM (N, K-N platt.)
1980, Mz. D.
∅ 29 mm
VZ / ST 13,– / PP 18,–
s. a. Nr. 23 und 403

Rand: WOL VIERZEC JAR HAB ICH GESUNGEN ODER ME

80 Walther von der Vogelweide – 750. Todestag

Walther von der Vogelweide (1170–1230) ist der bedeutendste Dichter der Stauferzeit. Er pflegte nicht nur den damals beliebten Minnesang, sondern engagierte sich mit seiner Sprachdichtung auch im politischen Alltag. Nicht nur Philipp von Schwaben und der Welfe Otto IV. schätzten ihn wegen seiner publizistischen Wirkung, sondern auch Friedrich II. holte Walther an seinen Hof.

(J. 428 – Sch. 152 – AKS 239)
5 DM (N, K-N platt.)
1980, Mz. F
Ø 29 mm
VZ / ST 16,– / PP 26,–

Rand: ZEUGNIS DES GLAUBENS – ZEICHEN DER EINHEIT

81 Der Kölner Dom – 100 Jahre vollendet – 1880–1980

Der im Jahr 1248 begonnene Kölner Dom war in Jahrhunderten gewachsen. Nach dem Abbruch der Bauarbeiten im 16. Jahrhundert wurde seit 1842 der Weiterbau (Aufbau der Turmspitzen) betrieben. Am 15. 10. 1880 wurde das größte gotische Bauwerk Deutschlands vollendet.

(J. 429 – Sch. 153 – AKS 241)
5 DM (N, K-N platt.)
1981, Mz. J
Ø 29 mm
VZ / ST 7,– / PP 18,–
s. a. Nr. 14 u. 319

Rand: SIEH ÜBERALL MIT DEINEN EIGENEN AUGEN

82 Gotthold Ephraim Lessing – 200. Todestag

Der Dichter Gotthold Ephraim Lessing gilt als Vollender und Überwinder der deutschen Aufklärung; sein Werk bezeichnet die Weiterentwicklung zur Klassik. Seine Werke sind Muster der einzelnen Gattungen: Lustspiel: »Minna von Barnhelm«; Tragödie: »Emilia Galotti«; Schauspiel: »Nathan der Weise«. Mit seiner Hamburgischen Dramaturgie befreite er das Theater von der Vorherrschaft des französischen Dramas und seiner starren Regeln und wies auf Shakespeare hin.

(J. 430 – Sch. 154 – AKS 242)
5 DM (N, K-N platt.)
1981, Mz. G
∅ 29 mm
VZ / ST 7,– / PP 18,–
s. a. Nr. 27 u. 322

Rand: I C H H A B E N U R E I N V A T E R L A N D – D E U T S C H L A N D

83 Carl Reichsfreiherr vom Stein – 150. Todestag

Carl Reichsfreiherr vom und zum Stein (1757–1831) war seit 1804 preußischer Wirtschafts- und Finanzminister. Er hob 1807 die Erbuntertänigkeit der Bauern auf, verfügte die Aufhebung fast aller ständischen Schranken und die Selbstverwaltung der Städte. Besondere Verdienste erwarb sich vom Stein 1819 als Gründer der Gesellschaft für ältere deutsche Geschichtskunde, welche die Monumenta Germaniae historica herausgab.

(J. 431 – Sch. 155 – AKS 243)
5 DM (N, K-N platt.)
1982, Mz. F
∅ 29 mm
VZ / ST 7,– / PP 18,–

Rand: D I E E I N E E R D E S C H Ü T Z E N

84 Umweltkonferenz der Vereinten Nationen 1972 – 10. Jahrestag

Im Rahmen der Vereinten Nationen trafen sich im Jahre 1972 die Vertreter von 113 Staaten in Stockholm, um gemeinsam Wege aus der sich abzeichnenden weltweiten Umweltkrise zu finden. Die Konferenz löste auch eine weltweite öffentliche Diskussion der Umweltprobleme aus, in deren Verlauf auch in der Bundesrepublik Deutschland das Umweltbewußtsein in allen Kreisen der Bevölkerung verstärkt wurde.

(J. 432 – Sch. 156 – AKS 244)
5 DM (N, K-N platt.)
1982, Mz. D
∅ 29 mm
VZ / ST 7,– / PP 23,–
s. a. Nr. 28, 221 und 304.

Rand: Z W I S C H E N U N S S E I W A H R H E I T

85 Johann Wolfgang von Goethe – 150. Todestag

Johann Wolfgang von Goethe (1749–1832) gehört zu den bedeutendsten Dichtern der Weltliteratur. Einzigartig war seine Universalität von Bildung, Kenntnissen und Fähigkeiten. Goethe war Lyriker, Romancier, Dramatiker, Beamter, Diplomat, Theaterdirektor, Humanist, Naturwissenschaftler und Sammler (so besaß er z. B. eine fast 2000 Stück umfassende Sammlung von Medaillen des 15. bis 18. Jahrhunderts und viele antike, mittelalterliche und orientalische Münzen).

(J. 433 – Sch. 157 – AKS 245)
5 DM (N, K-N platt.)
1983, Mz. J
∅ 29 mm
VZ / ST 7,– / PP 16,–
s. a. Nr. 303–305

Rand: W A H R H E I T A L S W I R K L I C H K E I T U N D M A C H T

86 Karl Marx – 100. Todestag

Karl Marx (1818–1883) ist der Begründer des dialektischen Materialismus (Marxismus), aus dem die Sozialdemokratie und der Kommunismus hervorgingen. 1848 veröffentlichte er in Brüssel mit Friedrich Engels »Das Kommunistische Manifest«. Sein Hauptwerk »Das Kapital« erschien bis zu seinem Tod in zwei Bänden, der dritte Band wurde von Engels herausgegeben.

(J. 434 – Sch. 158 – AKS 246)
5 DM (N, K-N platt.)
1983, Mz. G
∅ 29 mm
VZ / ST 7,– / PP 25,–
s. a. Nr. 30, 222, 224 u. 225, 242, 243 u. 331

Rand: GOTTES WORT BLEIBT IN EWIGKEIT

87 Martin Luther – 500. Geburtstag

Martin Luther (1483–1546) trat nach einem Jurastudium in das Kloster der Erfurter Augustiner ein. Später lehrte er als Doktor der Theologie und Professor an der Universität in Wittenberg. Veranlaßt durch den Ablaßhandel des Dominikaners Tetzel schlug Luther 1517 seine 95 Thesen an die Schloßkirche in Wittenberg. Luther, der ursprünglich nur Reformen innerhalb der Kirche beabsichtigte, wurde nun zur Auseinandersetzung mit der Kirche und dem Papst gezwungen. Fortsetzung siehe Nr. 324

(J. 435 – Sch. 159 – AKS 247)
5 DM (N, K-N platt.)
1984, Mz. D
∅ 29 mm
VZ / ST 7,– / PP 16,–

Rand: ZOLLVEREIN – DEUTSCHLAND * EWG – EUROPA

88 Gründung des Deutschen Zollvereins 1834 (150. Jahrestag)

Anfang des 19. Jahrhunderts war das Zollwesen in Deutschland zersplittert und unübersichtlich. Um z. B. von Hamburg nach Österreich Waren zu exportieren, mußte zehnmal Durchgangszoll bezahlt werden. Da vom Deutschen Bund keine Reformen zu erwarten waren, ergriffen einzelne deutsche Staaten die Initiative und gründeten zum 1. 1. 1834 den Deutschen Zollverein. Nun fielen die Binnenzölle weg und einheitliche Außenzölle schützten die inländische Wirtschaft.

(J. 436 – Sch. 160 – AKS 248)
5 DM (N, K-N platt.)
1984, Mz. J
∅ 29 mm
VZ / ST 7,– / PP 20,–
s. a. Nr. 228, 276 und 315

Rand: IHR TÖNE SCHWINGT EUCH FREUDIG DURCH DIE SAITEN

89 Felix Mendelssohn-Bartholdy – 175. Geburtstag

Felix Mendelssohn-Bartholdy (1809–1847), Leiter der Leipziger Gewandhauskonzerte, verband Romantik und Klassizismus. Seine Werke (Sinfonien, Konzerte, Kammermusik und Klavierwerke) gelten als durchsichtig klar und melodisch. Berühmt ist seine Bühnenmusik zu Shakespeares Komödie »Ein Sommernachtstraum«. Als er 1843 an die Thomaskirche in Leipzig berufen wurde, war die Musik J. S. Bachs in Vergessenheit geraten. Sein Verdienst war es, diese Kompositionen wieder neu zu entdecken.

(J. 437 – Sch. 161 – AKS 249)
5 DM (N, K-N platt.)
1985, Mz. F
∅ 29 mm
VZ / ST 7,– / PP 20,–
s. a. Nr. 822

Rand: S C H Ü T Z (Arabeske) B A C H (Arabeske) H Ä N D E L (Arabeske) S C A R L A T T I (Arabeske) B E R G (liegende Raute).

90 Europäisches Jahr der Musik 1985

Das Jahr 1985 ist vom Europarat und von der Europäischen Gemeinschaft als das Europäische Jahr der Musik ausgerufen worden. Anlaß zu dieser Initiative waren der 100. Geburtstag von A. Berg und die Geburtstage von G. F. Händel, J. S. Bach und D. Scarlatti, die sich 1985 zum 300. Mal jährten, der Geburtstag von H. Schütz zum 400. Mal. In allen Ländern Europas sollte die Bedeutung der Musik für die Gesellschaft besonders herausgestellt werden.

(J. 438 – Sch. 162 – AKS 250)
5 DM (N, K-N platt.)
1985, Mz. G
∅ 29 mm
VZ / ST 7,– / PP 16,–
s. a. Nr. 238 u. 630

Rand: EISENBAHN NÜRNBERG – FÜRTH (Arabeske) 7. DEZEMBER 1835 (Arabeske)

91 150 Jahre Eisenbahn in Deutschland

Die erste dampfbetriebene deutsche Eisenbahn fuhr am 7. 12. 1835 die 6 km von Nürnberg nach Fürth. Wenige ahnten, daß damit ein neues Zeitalter anbrach. Bis 1880 wurde das Schienennetz so ausgebaut, daß in Deutschland jede größere Stadt mit der Eisenbahn erreichbar wurde. Erstmals war es fast jedem möglich zu reisen. Auch Güter konnten nun preisgünstig und schnell befördert werden.

(J. 439 – Sch. 163 – AKS 251)
5 DM (N, K-N platt.)
1986, Mz. D
∅ 29 mm
VZ / ST 7,– / PP 16,–

Rand: A U S T R A D I T I O N I N D I E Z U K U N F T

92 600 Jahre Ruprechts-Karls-Universität Heidelberg

Die Universität Heidelberg ist die älteste Universität Deutschlands und gehört zu den zehn ältesten Universitäten Europas. 1386 gegründet, trägt die Ruperto Carola zu Heidelberg ihren Namen zur Erinnerung an den Gründer, Kurfürst Ruprecht I. von der Pfalz, und an den Großherzog Karl Friedrich von Baden, unter dessen Regierung sie 1803 zur ersten badischen Landesuniversität wurde.

(J. 440 – Sch. 164 – AKS 252)
5 DM (N, K-N platt.)
1986, Mz. F
∅ 29 mm
VZ / ST 7,– / PP 20,–
s. a. 233 u. 234

Rand: I C H   B I N   D E R   E R S T E   D I E N E R   M E I N E S   S T A A T E S

93 **Friedrich der Große – 200. Todestag**

Der Preußische König Friedrich II. (1712–1786), den schon seine Zeitgenossen »den Großen« nannten, gehört zu den herausragenden und einflußreichsten Herrschergestalten der deutschen Geschichte. Durch ihn wurde Preußen zu der politischen Kraft, die für mehr als 150 Jahre die deutsche Geschichte bestimmte.

(J. 401 a – Sch. 129 – AKS 200)
10 DM (S)
1972, Mz. D*F*G*J
∅ 32,5 mm
VZ / ST 20,– / PP 55,–

Rand: C I T I U S . . . . . A L T I U S . . . . . F O R T I U S . . . . .

101 **Spiele der XX. Olympiade 1972 in Deutschland**

Am 26. April 1966 wurde in Rom vom Internationalen Olympischen Komitee der Beschluß gefaßt, die XX. Olympischen Spiele der Stadt München zu übertragen. Diese Münze wurde aufgrund einer Beschwerde des NOK der DDR in ihrer Umschrift geändert, da der Ausrichter der Olympischen Spiele immer eine Stadt ist und nicht ein Land. In der geänderten Münze (s. 102) heißt es nun anstatt »in Deutschland« »in München«.

(J. 401 b –
Sch. 133 – AKS 204)
10 DM (S)
1972, Mz. D*F*G*J
∅ 32,5 mm
VZ / ST 20,– / PP 35,–

Rand: C I T I U S ..... A L T I U S ..... F O R T I U S .....

102 Spiele der XX. Olympiade 1972 in München

Die finanziellen und bautechnischen Schwierigkeitsgrade wurden von den Planern in München vorbildlich bewältigt: Die Olympiade der Techniker, Organisatoren und Künstler wurde perfekt gespielt. Die »Spiele der kurzen Wege« sind in München Wirklichkeit geworden. So nah beieinander lagen noch nie ein olympisches Dorf und die Kampfstätten.

(J. 402 –
Sch. 130 – AKS 201)
10 DM (S)
1972, Mz. D*F*G*J
∅ 32,5 mm
VZ / ST 13,– / PP 35,–

Rand: C I T I U S A L T I U S F O R T I U S, dazwischen Ornamente

103 Olympische Spiele 1972 in München

Olympische Gedenkmünzen wurden vor 1972 nur von Finnland (1952), Österreich (1964), Japan (1964) und Mexiko (1968) ausgegeben. Zu den Olympischen Spielen in München wurden auch Pseudomünzen von Guinea, Fudschaira, Paraguay und der Zentralafrikanischen Republik geprägt.

(J. 403 –
Sch. 131 – AKS 202)
10 DM (S)
1972, Mz. D*F*G*J
∅ 32,5 mm
VZ / ST 13,– / PP 28,–

Rand: C I T I U S A L T I U S F O R T I U S, dazwischen Ornamente

104 Spiele der XX. Olympiade 1972 in München

Die Olympischen Spiele der alten Griechen wurden fast zwölf Jahrhunderte lang ohne Unterbrechung in jedem vierten Jahr abgehalten (von 776 v. Chr. bis 393 n. Chr.).
Die Siegerlisten aller 293 Olympischen Spiele sind noch vorhanden.

(J. 404 –
Sch. 132 – AKS 203)
10 DM (S)
1972, Mz. D*F*G*J
∅ 32,5 mm
VZ / ST 13,– / PP 28,–

Rand: C I T I U S A L T I U S F O R T I U S, dazwischen Ornamente

105 Olympische Spiele München 26. 8.–10. 9. 1972

Auf dieser Münze werden die baulichen Anlagen des olympischen Geländes gezeigt. Zum Blickfang wurde das von dem Stuttgarter Architekten Professor Behnisch entworfene Zeltdach für das Olympiastadion mit Sport- und Schwimmhallen. Mit rund 80000 Quadratmetern ist es das »größte Dach der Welt«. Die olympischen Tage in München wurden durch den Mord an israelischen Sportlern unterbrochen.

(J. 405 –
Sch. 134 – AKS 204)
10 DM (S)
1972, Mz. D*F*G*J
∅ 32,5 mm
VZ / ST 13,– / PP 28,–

Rand: C I T I U S A L T I U S F O R T I U S, dazwischen Ornamente

106 Spiele der XX. Olympiade München

1892 regte der französische Baron Pierre de Coubertin die Neueinführung der Olympischen Spiele an. Zwei Jahre später wurde in Paris das Internationale Olympische Komitee gegründet. Die ersten Olympischen Spiele der Neuzeit fanden zu Ehren Griechenlands in Athen im Jahre 1896 statt. Ursprünglich sollten die neuen Spiele 1900 in Paris begonnen werden.

(J. 441 –
Sch. 165 – AKS 253)
10 DM (S)
1987, Mz. J
∅ 32,5 mm
VZ / ST 18,– / PP 260,–

Rand: E I N I G K E I T U N D R E C H T U N D F R E I H E I T

107 750 Jahre Berlin 1237–1987

Seit 750 Jahren hat Berlin deutsche und europäische Geschichte so konzentriert erlebt und mitgestaltet wie keine andere deutsche Stadt: als Mittelpunkt Brandenburg-Preußens, als Stadt der Kunst und Wissenschaft, als aufstrebende Industriestadt, als Hauptstadt des Deutschen Reiches und dessen geistiges und politisches Zentrum, als Mitte der Republik, als Zentrale des Dritten Reiches, als geteilte Stadt nach dem Krieg und seit 3. 10. 1990 wieder als Hauptstadt.

(J. 442 –
Sch. 166 – AKS 254)
10 DM (S)
1987, Mz. G
∅ 32,5 mm
VZ / ST 14,– / PP 160,–

Rand: ADENAUER * BECH * DE GASPERI * LUNS * SCHUMANN * SPAAK *

108 30 Jahre EG – Römische Verträge 1957–1987

Am 25. 3. 1957 unterzeichneten die Regierungsvertreter von sechs europäischen Staaten die Verträge über die Gründung der »Europäischen Wirtschaftsgemeinschaft« (EWG) und der »Europäischen Atomgemeinschaft« (EURATOM) im Kapitol in Rom. Beide Abkommen bilden zusammen mit dem schon 1951 unterzeichneten Vertrag über die »Europäische Gemeinschaft für Kohle und Stahl« (Montanunion) das vertragliche Fundament der Europäischen Gemeinschaft (EG).

(J. 443 –
Sch. 168 – AKS 255)
10 DM (S)
1988, Mz. D
∅ 32,5 mm
VZ / ST 13,– / PP 85,–

Rand: D I E W E L T A L S W I L L E U N D V O R S T E L L U N G

109 Arthur Schopenhauer – 200. Geburtstag

Die Philosophie Arthur Schopenhauers (1788–1860) knüpft an Plato, Kant und indische Weisheitslehren an. Vertreter des Pessimismus (alles Leben ist Leiden). Das Hauptwerk ist »Die Welt als Wille und Vorstellung«. Richard Wagner und den jungen Nietzsche beeinflußte er maßgeblich.

(J. 444 –
Sch. 169 – AKS 256)
10 DM (S)
1988, Mz. F
∅ 32,5 mm
VZ / ST 13,– / PP 45,–
s. a. Nr. 321 u. 330

Rand: O P T I K F Ü R W I S S E N S C H A F T U N D T E C H N I K

110 Carl Zeiss – 100. Todestag

Der Optiker und Feinmechaniker Carl Zeiss (1816–1888) gründete die Zeiss-Werke in Jena (feinmechanische, optische und phototechnische Erzeugnisse). Das Werk wurde 1889 nach seinem Tod auf die Carl-Zeiss-Stiftung übertragen, die für soziale, wissenschaftliche und gemeinnützige Zwecke tätig ist.

(J. 446 –
Sch. 170 – AKS 257)
10 DM (S)
1989, Mz. G
∅ 32,5 mm
VZ / ST 13,– / PP 75,–

Rand: 4 0 J A H R E F R I E D E N U N D F R E I H E I T

111 40 Jahre Bundesrepublik Deutschland

Vor 40 Jahren wurde die Bundesrepublik Deutschland gegründet. Sie entstand durch den Zusammenschluß der drei Westzonen zu einem demokratisch-parlamentarischen, sozialen Bundesstaat. Mit dem Grundgesetz wurde zwar an die Tradition der Paulskirchenverfassung von 1848 und auch an die Weimarer Verfassung von 1918 angeknüpft, jedoch versuchte man frühere Fehler zu vermeiden (z. B. Absage an Zentralgewalt).

(J. 447 –
Sch. 171 – AKS 258)
10 DM (S)
1989, Mz. D
∅ 32,5 mm
VZ / ST 13,– / PP 45,–

Rand: »B O N N B L Ü H E U N D B L E I B E«

112 2000 Jahre Bonn

Bonn wurde vor 2000 Jahren von germanischen Ubiern gegründet. Es war vier Jahrhunderte römisches Kastell (Castra Bonnensia), seit Ende des 13. Jahrhunderts kurfürstliche Residenz und seit 1597 kurkölnische Haupt- und Residenzstadt (bis 1777). Seit 1949 ist Bonn Hauptstadt der Bundesrepublik Deutschland (bis 1990) und weiterhin Regierungssitz.

(J. 448 –
Sch. 172 – AKS 259)
10 DM (S)
1989, Mz. J
∅ 32,5 mm
VZ / ST 13,– / PP 50,–

Rand: »H A M B U R G T O R Z U R W E L T«

113 800 Jahre Hafen und Hamburg

Die 800-Jahr-Feier Hamburgs und seines Hafens bezieht sich auf das historische Datum der Privilegierung der hamburgischen Neustadt im Jahr 1189. Um den Aufschwung des Handels zu fördern, erhielten die Hamburger allgemeine Vorrechte wie Zollfreiheit, ungehinderten Warenverkehr, Befreiung der Bürger von Wehrpflichten usw. Umstritten ist, ob diese Privilegien von Kaiser Friedrich I. (Barbarossa) eingeräumt wurden.

(J. 449 –
Sch. 174 – AKS 260)
10 DM (S)
1990, Mz. F
∅ 32,5 mm
VZ / ST 13,– / PP 34,–

Rand: HONOR IMPERII

114 Kaiser Friedrich I. Barbarossa – 800. Todestag

Friedrich I. (1122–1190), genannt Barbarossa, wurde 1155 zum Kaiser gekrönt. Er gilt als Inbegriff des hochmittelalterlichen Kaisertums und als Personifizierung der höfischen Ritterkultur. Barbarossa sah in Karl dem Großen sein persönliches Vorbild.

(J. 451 –
Sch. 175 – AKS 261)
10 DM (S)
1990, Mz. J
∅ 32,5 mm
VZ / ST 13,– / PP 28,–

Rand: ES BLEIB IN GEDÄCHTNIS SO LANG GOTT WILL

115 800 Jahre Deutscher Orden

Der Deutsche Orden entstand 1190 während des 3. Kreuzzuges im Heiligen Land als Hospitalgemeinschaft und erfuhr kurz nach seiner Gründung die Erweiterung um die ritterliche Komponente. Damit wurde der Deutsche Orden neben Templern und Johannitern der dritte große Ritterorden. Der Orden ist heute sozial-karitativ tätig; daneben steht der seelsorgliche Aufgabenbereich der Priester.

(J. 452 –
Sch. 176 – AKS 262)
10 DM (S)
1991, Mz. A
∅ 32,5 mm
VZ / ST 13,– / PP 40,–
s. a. Nr. 206 u. 333

Rand: D E U T S C H L A N D   E I N I G   V A T E R L A N D

116 200 Jahre Brandenburger Tor – Symbol der deutschen Einheit

Das Brandenburger Tor ist das erste bedeutende Bauwerk des Klassizismus. Es wurde in den Jahren 1788 bis 1791 nach dem Vorbild der Propyläen in Athen gebaut. Seitdem war das Brandenburger Tor Schauplatz und Bühne preußischer und deutscher Geschichte und wurde in der Zeit der Teilung zu einem über Deutschland hinaus bekannten Symbol für Einheit und Freiheit.

(J. 453 –
Sch. 177 – AKS 263)
10 DM (S)
1992, Mz. G
∅ 32,5 mm
VZ / ST 13,– / PP 38,–
s. a. Nr. 252

Rand: I C H   W I L L   W I R K E N   I N   D I E S E R   Z E I T

117 Käthe Kollwitz – 125. Geburtstag

Die Malerin und Graphikerin Käthe Kollwitz (1867–1945) gestaltete in ausdrucksstarken, ergreifenden Zeichnungen und Plastiken das Elend der Armen und Unterdrückten. Sie erlebte die Not des Großstadtproletariats nicht aus zweiter Hand, sondern – selbst Mutter von fünf Kindern – als Künstlerin unmittelbar mitleidend. Außer sozialkritischen Werken schuf sie wie Rembrandt in immer neuer Folge erschütternde Selbstbildnisse.

(J. 454 –
Sch. 178 – AKS 264)
10 DM (S)
1992, Mz. D
∅ 32,5 mm
VZ / ST 13,– / PP 38,–

Rand: GEMEINSCHAFT VON GELEHRTEN UND KÜNSTLERN

118 150 Jahre Orden »Pour le mérite«

Der 1740 von Friedrich dem Großen gestiftete Orden »Pour le mérite« (= für Verdienste) wird seit 1842 als Friedensklasse für Wissenschaften und Künste verliehen, und zwar nur an 40 inländische und 40 ausländische Mitglieder.

(J. 455 –
Sch. 179 – AKS 265)
10 DM (S)
1993, Mz. F
∅ 32,5 mm
VZ / ST 13,– / PP 38,–
s. a. Nr. 233 und 234

Rand: DAS GANZE EILAND MUSS EIN PARADIES WERDEN

119 1000 Jahre Potsdam 993–1993

Potsdam wurde 993 erstmalig urkundlich erwähnt, und zwar bei der Überlassung an das Stift Quedlinburg. Seit dem 14. Jahrhundert war Potsdam Stadt und 1685 neben Berlin brandenburgisch-preußische Residenz (bis 1918). Im 18. und 19. Jahrhundert entstanden unter den preußischen Königen hier zahlreiche berühmte Bauwerke wie: Sanssouci, Stadtschloß, Neues Palais, Schloß Charlottenhof, bedeutende Kirchen usw. In der Potsdamer Konferenz vereinbarten die Siegermächte 1945 u. a. die Durchführung der Beschlüsse von Jalta.

(J. 456 –
Sch. 180 – AKS 266)
10 DM (S)
1993
∅ 32,5 mm
VZ / ST 13,– / PP 38,–
s. a. Nr. 201

Rand: M I T B E G R Ü N D E R D E R B A K T E R I O L O G I E

120 Robert Koch – 150. Geburtstag

Der Arzt und Forscher Robert Koch (1843–1910) entdeckte unter anderem die Erreger des Milzbrandes, der Tuberkulose und der Cholera. Als Begründer der experimentellen Bakteriologie (Tierversuche, Züchtung von Bakterienkulturen auf festen Nährböden und ähnliches) erzielte er wesentliche Fortschritte in der Seuchenbekämpfung. 1905 wurde Koch der Nobelpreis für Medizin verliehen.

(J. 1522 – Sch. 21 – AKS 501)
5 Mark (Neusilber)
1968
Rand: * 5 MARK (4 ×)
∅ 29 mm
VZ / ST 95,–
s. a. Nr. 120

201 Robert Koch – 125. Geburtstag

Der Arzt und Bakteriologe Robert Koch (1843–1910) entdeckte dank Verbesserungen der mikroskopischen Technik und der Färbemethoden mikroskopischer Objekte 1882 den Tuberkelbazillus. In Ägypten entdeckte er den asiatischen Choleraerreger. Auf zahlreichen Reisen erforschte er viele ansteckende Krankheiten, z. B. Pest, Lepra, Malaria und Schlafkrankheit. 1905 wurde Robert Koch der Nobelpreis verliehen.

(J. 1526 – Sch. 24 – AKS 502)
5 Mark (Neusilber)
1969
Rand: * 5 MARK (4 ×)
∅ 29 mm
VZ / ST 75,–

202 Heinrich Hertz – 75. Todestag

Der Physiker Heinrich Hertz (1857–1894) erzeugte als erster elektromagnetische Wellen größerer Länge (Grundlage der Rundfunktechnik oder der drahtlosen Telegraphie) und zeigte, daß diese Wellen im Prinzip alle Eigenschaften des Lichtes besitzen. Nach ihm ist die Einheit der elektrischen Frequenz (1 Schwingung pro Sekunde) benannt.

(J. 1524 – Sch. 22 – AKS 503)
5 Mark (N-Bro)
1969
Rand: * 5 MARK (4 ×)
∅ 29 mm
VZ / ST 5,–
s. a. Nr. 262, 263, 290 u. 311

203 XX Jahre DDR 1969

Der in der sowjetisch besetzten Zone 1948 sich selbst erklärte »Deutsche Volksrat« arbeitete eine Verfassung für die künftige DDR aus. Der im Mai 1949 gebildete »Dritte Volksrat« konstituierte sich am 7. 10. 1949 als »Provisorische Volkskammer« und rief die »Deutsche Demokratische Republik« aus. Wenige Tage später wurde der erste Präsident der DDR, Wilhelm Pieck, gewählt.

(J. 1530 – Sch. 26 – AKS 504)
5 Mark (Neusilber)
1970
Rand: * 5 MARK (4 ×)
∅ 29 mm
VZ / ST 80,–

204 Wilhelm Conrad Röntgen – 125. Geburtstag

Der Physiker W. C. Röntgen (1845–1923) entdeckte die von ihm bezeichneten »X-Strahlen« am 8. 11. 1895. Zwei Monate später schlug der Schweizer Wissenschaftler A. von Kölliker vor, die X-Strahlen künftig »Röntgen'sche Strahlen« zu nennen, die im Ausland noch X-Strahlen heißen. Röntgen wurde 1901 der erste Nobelpreis für Physik verliehen.

(J. 2534 – Sch. 30 – AKS 505)
5 Mark (Neusilber)
1971
Rand: * 5 MARK (4 ×)
Ø 29 mm
VZ / ST 75,–
s. a. Nr. 66

205 Johannes Kepler – 400. Geburtstag

Der Astronom und Mathematiker Johannes Kepler (1571–1630) veröffentlichte 1609 seine beiden ersten nach ihm benannten Gesetze der Planetenbewegung, deren erstes lautet: »Die Bahnen der Planeten sind Ellipsen, in deren einem Brennpunkt die Sonne steht«. Mit seinen Entdeckungen bestätigte Kepler die Erkenntnisse von Kopernikus, daß die Erde nicht Mittelpunkt des Alls ist.

(J. 1536 – Sch. 34 – AKS 506)
5 Mark (Neusilber)
1971, 1979–1990
Rand: * 5 MARK (4 ×)
Ø 29 mm
VZ / ST 5,–
s. a. Nr. 107, 116 u. 333

206 Berlin, Hauptstadt der DDR – Brandenburger Tor

Bei Gründung der DDR wurde 1949 Berlin (Ost) als Hauptstadt der DDR erklärt, gleichzeitig als Sitz der DDR-Verwaltungsorgane. 1961 erfolgte mit dem Mauerbau die totale Abgrenzung zum Westen.

(J. 1540 – Sch. 38 – AKS 507)
5 Mark (Neusilber)
1972
Rand: * 5 MARK (4 ×)
∅ 29 mm
VZ / ST 85,–

207 Johannes Brahms – 75. Todestag

Der Komponist Johannes Brahms (1833–1897) fühlte sich der musikalischen Tradition verpflichtet und strebte nach Bewahrung der klassischen Form (im Gegensatz zu Richard Wagner). So wurde er zum Vertreter einer klassizistischen Romantik. In seinen Werken (u. a. vier Sinfonien, ein Violin-, zwei Klavierkonzerte, Chorwerke, mehr als 200 Lieder) verbinden sich wuchtige Schwere mit zarter verträumter Schwermut.

(J. 1543 – Sch. 41 – AKS 508)
5 Mark (Neusilber)
1972, 1981, 1983
Rand: * 5 MARK (4 ×)
∅ 29 mm
VZ / ST ab 6,–
s. a. Nr. 17

208 Meißen

Die Gründung der Stadt Meißen an der Elbe erfolgte 929 durch Heinrich I. Anfang des 13. Jahrhunderts erhielt Meißen Stadtrechte. Seit 1423 gehört es zu Sachsen. Zu den Sehenswürdigkeiten des altertümlichen Stadtkerns gehören das Rathaus, die Frauenkirche, der Dom und die Albrechtsburg. Der wichtigste Wirtschaftszweig ist die Herstellung von Porzellan und keramischen Erzeugnissen (älteste Porzellanmanufaktur Europas).

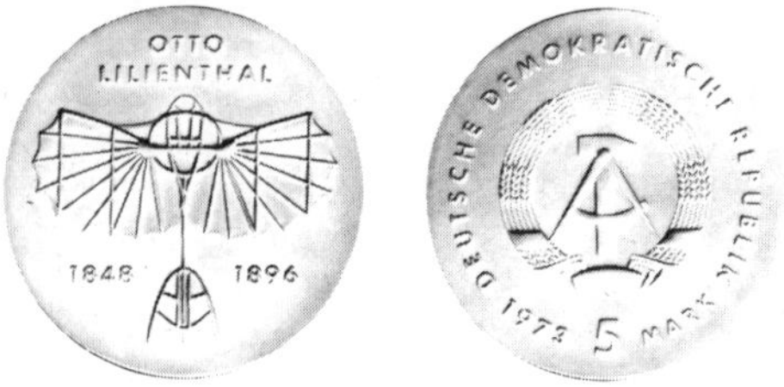

(J. 1546 – Sch. 46 – AKS 509)
5 Mark (Neusilber)
1973
Rand: * 5 MARK (4 ×)
∅ 29 mm
VZ / ST 110,–

209 Otto Lilienthal – 125. Geburtstag

Der Ingenieur und Flugpionier Otto Lilienthal baute schon als 14jähriger mit seinem Bruder Gustav die erste »Flugmaschine«. Es brauchte aber fast 30 Jahre mißglückter Versuche sowie Forschungen über Vogelflug und Aerodynamik, bis ihm 1891 das Gleiten mit einem Fluggerät bis zu 30 m gelang. In den Folgejahren erreichte er mit Neukonstruktionen bis zu 350 m. Nach über 2000 Gleitflügen stürzte er tödlich ab.

(J. 1550 – Sch. 50 – AKS 510)
5 Mark (Neusilber)
1974
Rand: * 5 MARK (4 ×)
∅ 29 mm
VZ / ST 75,–

210 Philipp Reis – 100. Todestag

Der Physiker Philipp Reis (1834–1874) konstruierte das erste Gerät zur elektrischen Sprachübertragung, das er am 26. 10. 1861 im Physikalischen Verein in Frankfurt/Main vorführte. Aus diesem Fernsprecher wurde Jahre später das Telefon entwickelt.

(J. 1556 – Sch. 57 – AKS 511)
5 Mark (Neusilber)
1975
Rand: * 5 MARK (4 ×)
∅ 29 mm
VZ / ST 80,–

211 Thomas Mann – 100. Geburtstag

Der Schriftsteller Thomas Mann (1875–1955) ist einer der bedeutendsten Erzähler des 20. Jahrhunderts. Bereits in seinem ersten Roman »Buddenbrooks« (1901) kündigt sich das Thema seines Gesamtwerkes an. Die Gegensätze Bürger–Kunst, Leben–Geist werden immer wieder neu abgewandelt. Die späteren Romane sind Kultur- und Zeitanalysen. Bewundernswert an Mann ist vor allem seine hohe Sprachkunst und seine sorgsame, ironische Darstellung der Charaktere.

(J. 1558 – Sch. 58 – AKS 512)
5 Mark (Neusilber)
1975
Rand: * 5 MARK (4 ×)
∅ 29 mm
VZ / ST 75,–

212 Internationales Jahr der Frau 1975

Das Jahr 1975 wurde von den Vereinten Nationen zum »Internationalen Jahr der Frau« erklärt. Das Jahr sollte Aktivitäten gewidmet sein, die sich um die Gleichstellung der Frau bemühen, ihre Rolle und Verantwortung in der wirtschaftlichen, sozialen und kulturellen Entwicklung betonen und die Bedeutung ihres Beitrags in den Beziehungen zwischen Staaten und in der Stärkung des Weltfriedens anerkennen. Alle Mitgliedsstaaten der UNO wurden aufgefordert, diese Ziele zu unterstützten.

(J. 1559 – Sch. 59 – AKS 513)
5 Mark (Neusilber)
1976
Rand: * 5 MARK (4 ×)
∅ 29 mm
VZ / ST 90,–
s. a. Nr. 226

213 Ferdinand von Schill – 200. Geburtstag

Der preußische Offizier Ferdinand von Schill (1776–1809) verteidigte mit Gneisenau und Nettelbeck erfolgreich Kolberg. 1809 versuchte er eine allgemeine Erhebung gegen Napoleon zu veranlassen, indem er mit seinem Husarenregiment gegen das Königsreich Westfalen vorrückte. Dies mißlang und er fiel im Straßenkampf.

(J. 1564 – Sch. 65 – AKS 514)
5 Mark (Neusilber)
1977
Rand: * 5 MARK (4 ×)
∅ 29 mm
VZ / ST 155,– / PP 200,–

214 Friedrich Ludwig Jahn – 125. Todestag

Der Begründer der deutschen Turnbewegung, Friedrich Ludwig Jahn (1778–1852), wurde im Volksmund »Turnvater Jahn« genannt. Nach seiner Auffassung sollte das Turnen zum Gemeinschaftsbewußtsein und zu deutschem Volkstum erziehen. Jahn war auch Mitglied der Frankfurter Nationalversammlung.

(J. 1566 – Sch. 66 – AKS 515)
5 Mark (Neusilber)
1978
Rand: * 5 MARK (4 ×)
∅ 29 mm
VZ / ST 120,– / PP 280,–

215 Friedrich Gottlieb Klopstock – 175. Todestag

Der Dichter Friedrich Gottlieb Klopstock (1724–1803) gilt als Schöpfer der gehobenen deutschen Dichtersprache in einer Verbindung von Gefühl, Gedanke und Pathos. Er schrieb ausdrucksstarke Oden und die zu seiner Zeit vielbewunderte und vielgelesene Versdichtung »Der Messias«.

(J. 1569 – Sch. 70 – AKS 516)
5 Mark (Neusilber)
1978, Mz. A
Rand: * 5 MARK (4 ×)
∅ 29 mm
VZ / ST 42,– / PP 210,–

216 Internationales Anti-Apartheid-Jahr 1978

Apartheid bedeutet Trennung in der Ungleichheit, auf der alleinigen Grundlage der Hautfarbe. Südafrika ist das einzige Land der Erde, in dem Apartheid und Rassismus in der Verfassung verankert sind. Die Vereinten Nationen erklärten das Jahr 1978 zum Internationalen Anti-Apartheid-Jahr, nachdem seit 1957 mehrmals die Apartheid von der UN-Generalversammlung verurteilt wurde.

(J. 1572 – Sch. 71 – AKS 517)
5 Mark (Neusilber)
1979
Rand: * 5 MARK (4 ×)
∅ 29 mm
VZ / ST 135,– / PP 250,–
s. a. Nr. 41, 223, 815 u. 816

217 Albert Einstein – 100. Geburtstag

Der Physiker Albert Einstein (1879–1955) ist der Schöpfer der Relativitätstheorie und war entscheidend an einer Weiterentwicklung der Quantentheorie Max Plancks beteiligt. Neben vielen Ehrungen erhielt er 1921 den Nobelpreis für Physik. Einstein setzte sich unermüdlich für Frieden und Völkerverständigung ein.

(J. 1576 – Sch. 76 – AKS 518)
5 Mark (Neusilber)
1980
Rand: * 5 MARK (4 ×)
∅ 29 mm
VZ / ST 185,– / PP 300,–

218 Adolph von Menzel – 75. Todestag

Adolph von Menzel (1815–1905) war ein Maler, Zeichner und Graphiker, dessen Werke große Detailtreue, aber auch impressionistische Einflüsse zeigen. Bekannt wurde er durch seine Federzeichnungen für die Holzstiche zu Kuglers »Geschichte Friedrichs des Großen« und durch Gemälde aus dem Leben Friedrichs des Großen (»Flötenkonzert«, »Tafelrunde« u. a.).

(J. 1580 – Sch. 81 AKS 519)
5 Mark (Neusilber)
1981
Rand: * 5 MARK (4 ×)
∅ 29 mm
VZ / ST 290,– / PP 360,–

219 Tilman Riemenschneider – 450. Todestag

Der Bildhauer und Bildschnitzer Tilman Riemenschneider (um 1455–1531) war einer der großen Meister der deutschen Spätgotik. Höhepunkte seines Schaffens sind die Schnitzaltäre in Creglingen, Rothenburg ob der Tauber, Münnerstadt und Dettwang. Typisch für seinen Stil sind feinste Oberflächenbehandlung und Feingliedrigkeit der Figuren.

(J. 1584 – Sch. 84 – AKS 520)
5 Mark (Neusilber)
1982
Rand: * 5 MARK (4 ×)
∅ 29 mm
VZ / ST 245,– / PP 350,–

220 Friedrich Fröbel – 200. Geburtstag

Der Pädagoge Friedrich Fröbel (1782–1852) befaßte sich besonders mit der Erziehung im Vorschulalter. 1837 gründete er den ersten deutschen Kindergarten und schuf die Berufe Kindergärtnerin und Kinderpflegerin.

(J. 1585 – Sch. 87 – AKS 521)
5 Mark (Neusilber)
1982, Mz. A
Rand: * 5 MARK (4 ×)
∅ 29 mm
VZ / ST 55,– / PP 250,–
s. a. Nr. 28, 29, 85 und 304

221 Goethes Gartenhaus Weimar – 150. Todestag Goethes

Herzog Carl August schenkte Goethe 1776 das Gartenhaus im Park an der Ilm, um ihn an Weimar zu binden. Das idyllisch gelegene Haus diente dem Dichter jahrelang als Zufluchtsort, an dem er Ruhe und Erholung von seinen Amtspflichten fand. Hier entstanden wesentliche Teile seines dichterischen Werkes, hier empfing er Charlotte von Stein, und hier nahm auch die Liebe zu Christiane Vulpius ihren Beginn.

(J. 1586 – Sch. 86 – AKS 522)
5 Mark (Neusilber)
1982, 1983, Mz. A
Rand: * 5 MARK (4 ×)
∅ 29 mm
VZ / ST 55,– / PP 250,–

222 Die Wartburg bei Eisenach

Die im 11. Jahrhundert gegründete Wartburg bei Eisenach war im Hochmittelalter Sitz der Landgrafen von Thüringen. Hier soll der sagenhafte Sängerkrieg stattgefunden haben, den Moritz von Schwind in Fresken im Burginnern festgehalten hat. Im 13. Jahrhundert lebte auf der Wartburg die hl. Elisabeth von Thüringen und im 16. Jahrhundert Martin Luther, der hier das Neue Testament ins Deutsche übersetzte.

(J. 1594 – Sch. 93 – AKS 523)
5 Mark (Neusilber)
1983
Rand: * 5 MARK (4 ×)
∅ 29 mm
VZ / ST 130,– / PP 300,–
s. a. Nr. 41, 217, 815 und 816

223 Max Planck – 125. Geburtstag

Max Planck (1858–1947) war als Theoretiker der Wegbereiter der Relativitätstheorie Albert Einsteins, mit dem ihn eine langjährige Freundschaft verband. Planck formulierte 1900 ein neues Strahlungsgesetz (Plancksche Konstante) und stellte die Grundlagen zur Quantentheorie auf, für die er 1918 den Nobelpreis für Physik erhielt. Durch Plancks Gedanken ist die Atomphysik eine exakte Wissenschaft mit eigenen Gesetzen geworden, die von denen der klassischen Theorie in charakteristischer Weise abweichen.

(J. 1588 – Sch. 90 – AKS 524)
5 Mark (Neusilber)
1983, Mz. A
Rand: * 5 MARK (4 ×)
∅ 29 mm
VZ / ST 48,– / PP 230,–
s. a. Nr. 225

224 Schloßkirche zu Wittenberg – 500. Geburtstag von Martin Luther

Die 1490–1499 von Friedrich dem Weisen erbaute Schloßkirche zu Wittenberg (von Dürer und Cranach ausgemalt) wurde bald in ganz Deutschland bekannt, als Martin Luther am 31. 10. 1517 seine 95 Thesen an ihre Tür anschlug. In der Schloßkirche befinden sich die Gräber Luthers, Melanchthons und Friedrichs des Weisen.

(J. 1590 – Sch. 89 – AKS 525)
5 Mark (Neusilber)
1983, Mz. A
Rand: 5 MARK (4 ×)
Ø 29 mm
VZ / ST 50,– / PP 240,–
s. a. Nr. 30, 87 und 324

225 Luthers Geburtshaus in Eisleben – 500. Geburtstag von Martin Luther

Martin Luther wurde am 10. November 1483 in Eisleben geboren. Er gilt als Bahnbrecher der Reformation und der deutschen Hochsprache. Nach einem Leben unablässiger Auseinandersetzungen und Kämpfe, erfüllt von seinem gigantischen religiösen, politischen und schriftstellerischen Werk, starb Luther am 18. Februar 1546 in seinem Geburtsort Eisleben.

(J. 1599 – Sch. 97 – AKS 526)
5 Mark (Neusilber)
1984, Mz. A
Rand: * 5 MARK (4 ×)
Ø 29 mm
VZ / ST 110,– / PP 330,–
s. a. Nr. 54, 213 und 214

226 Adolf Freiherr von Lützow – 150. Todestag

Der preußische Offizier Adolf Freiherr von Lützow (1782–1834) nahm 1809 an Schills Erhebung teil und stellte 1813 das Lützowsche Freikorps auf, dem unter anderen Theodor Körner, Eichendorff und Jahn angehörten und das am 17. 6. 1813 bei Kitzen fast völlig aufgerieben wurde.

(J. 1596 – Sch. 98 – AKS 527)
5 Mark (Neusilber)
1984, Mz. A
Rand: * 5 MARK (4 ×)
∅ 29 mm
VZ / ST 45,– / PP 220,–

227 Altes Rathaus Leipzig

Unter Benutzung der Grundmauern eines um 1240 erbauten gotischen Rathauses ließ der Stadtbaumeister H. Lotter 1556 das Alte Rathaus an der Ostseite des Marktes bauen. Nach der Zerstörung im Zweiten Weltkrieg wurde es als erstes historisches Bauwerk 1946–1948 wiederaufgebaut. Heute dient das schönste Gebäude der Stadt als Archiv und Museum für die Stadtgeschichte.

(J. 1598 – Sch. 99 – AKS 528)
5 Mark (Neusilber)
1984, Mz. A
Rand: * 5 MARK (4 ×)
∅ 29 mm
VZ / ST 45,– / PP 220,–
s. a. Nr. 89, 315 und 324

228 Thomaskirche Leipzig

Die Thomaskirche in Leipzig entstand in den Jahren 1212 bis 1222 und erhielt ihr heutiges Aussehen als spätgotische Hallenkirche zwischen 1482 und 1496. Pfingsten 1539 predigte Martin Luther in St. Thomas; Anlaß war die Einführung der Reformation. Der berühmteste Thomaskantor war Johann Sebastian Bach von 1723 bis 1750, der hier auch seine letzte Ruhestätte gefunden hat. Der weltweit bekannte Thomaner-Knabenchor wird auch heute noch nach einem strengen Reglement geführt; er pflegt besonders die Bachsche Musik.

(J. 1604 – Sch. 103 – AKS 529)
5 Mark (Neusilber)
1985, Mz. A
Rand: * 5 MARK (4 ×)
∅ 29 mm
VZ / ST 135,– / PP 260,–

229 Caroline Neuber – 225. Todestag

Die Schauspielerin Caroline Neuber (1697–1760), genannt die »Neuberin«, unterstützte Gottscheds Bemühungen, das »regelrechte« Drama nach französischem Vorbild auf die deutsche Bühne zu bringen und das Theater von volkstümlichen Elementen zu befreien. Siehe die Vertreibung des Hanswursts von der Bühne auf dem Münzbild.

(J. 1601 – Sch. 105 – AKS 530)
5 Mark (Neusilber)
1985, Mz. A
Rand: * 5 MARK (4 ×)
∅ 29 mm
VZ / ST 45,– / PP 200,–

230 Ruine der Frauenkirche Dresden – 40. Jahrestag der Zerstörung Dresdens

Die in den Jahren 1726 bis 1743 erbaute Frauenkirche in Dresden wurde am 15. 2. 1945 von Bomben völlig zerstört. Die Ruine gilt seitdem als Symbol für die Vernichtung der Kultur im Zweiten Weltkrieg und als Zeichen des Gedenkens an die mehr als 35000 Toten beim Bombenangriff auf Dresden. Trotzdem soll die Frauenkirche bis 2006, zum 800. Geburtstag Dresdens, wiederaufgebaut werden und in alter Pracht glänzen.

(J. 1602 – Sch. 104 – AKS 531)
5 Mark (Neusilber)
1985, Mz. A
Rand: * 5 MARK (4 ×)
∅ 29 mm
VZ / ST 55,– / PP 220,–

231 Dresden – Zwinger * 40. Jahrestag der Zerstörung

Der Wallpavillon des Dresdener Zwingers wurde in den Jahren 1710 bis 1718 von dem Architekten Pöppelmann und dem Bildhauer Permoser errichtet. Der schönste deutsche Barockbau wurde im Zweiten Weltkrieg zerstört und noch zu DDR-Zeiten im alten Stil wiederaufgebaut.

(J. 1611 – Sch. 110 – AKS 532)
5 Mark (Neusilber)
1986, Mz. A
Rand: * 5 MARK (4 ×)
∅ 29 mm
VZ / ST 275,– / PP 330,–
s. a. Nr. 75

232 Heinrich von Kleist – 175. Todestag

Heinrich von Kleist (1777–1811) steht als Dichter zwischen Klassik und Romantik. Seine Sprachkunst erreichte ihre Meisterschaft in den straff gefaßten »Erzählungen«, »Das Erdbeben von Chili«, »Die Marquise von O.«, »Die Verlobung in St. Domingo« und »Michael Kohlhaas«. Als Meister des Lustspiels weist ihn »Der zerbrochene Krug« aus.

(J. 1609 – Sch. 111 – AKS 533)
5 Mark (Neusilber)
1986, Mz. A
Rand: * 5 MARK (4 ×)
∅ 29 mm
VZ / ST 35,– / PP 190,–
s. a. Nr. 93, 119 und 234

233 Sanssouci Potsdam – 200. Todestag Friedrichs des Großen

Friedrich der Große (1712–1786) ließ in den Jahren 1745 bis 1747 von Knobelsdorff das Schloß Sanssouci (frz. = sorgenfrei) mit schönem Park bei Potsdam bauen. Das Rokokoschloß war Lieblingsaufenthalt und Sterbeort Friedrichs des Großen.

(J. 1610 – Sch. 112 – AKS 534)
5 Mark (Neusilber)
1986 / Mz. A
Rand: * 5 MARK (4 ×)
∅ 29 mm
VZ / ST 35,– / PP 190,–
s. a. Nr. 93, 119 und 233

234 Neues Palais Potsdam – 200. Todestag Friedrichs des Großen

In den Jahren 1763–1770 ließ Friedrich der Große nicht weit vom Schloß Sanssouci das prachtvolle Neue Palais erbauen, das in der ersten Zeit Schloß Friedrichskron hieß. Das 215 m lange Hauptgebäude enthält 200 Räume, unter anderem einen 13 m hohen Marmorsaal.

(J. 1613 – Sch. 113 – AKS 535)
5 Mark (Neusilber)
1987, Mz. A
Rand: * 5 MARK (4 ×)
∅ 29 mm
VZ / ST 25,– / PP 180,–
s. a. Nr. 107 und 329

235 750 Jahre Berlin – Nikolai-Viertel

Das Nikolai-Viertel befindet sich an der Stelle der ältesten Siedlungsstätte Berlins, einer Furtsiedlung rings um die Nikolaikirche. Es handelt sich um den Kern des alten Berlin, genauer gesagt den der östlichen Hälfte der Doppelstadt Cölln-Berlin. Beim Wiederaufbau hat man seit 1981 versucht, eine auf dem Reißbrett entworfene »Alt-Berliner Milieu-Insel« entstehen zu lassen. Es konnte jedoch nur wenig alte gewachsene Bausubstanz erhalten werden.

(J. 1614 – Sch. 114 – AKS 536)
5 Mark (Neusilber)
1987, Mz. A
Rand: * 5 MARK (4 ×)
∅ 29 mm
VZ / ST 25,– / PP 180,–
s. a. Nr. 107 und 237

236 750 Jahre Berlin – Rotes Rathaus

In den Jahren 1861–1870 wurde das Rote Rathaus in verschiedenen damals beliebten Baustilen erbaut. In dem repräsentativen Bau aus rotem Backstein, der dem Haus seinen Namen gegeben hat, hat die Gesamt-Berliner Landesregierung wieder ihren traditionellen Sitz in Berlin-Mitte (am Alexanderplatz) bekommen.

(J. 1615 – Sch. 115 – AKS 537)
5 Mark (Neusilber)
1987, Mz. A
Rand: * 5 MARK (4 ×)
∅ 29 mm
VZ / ST 25,– / PP 180,–
s. a. Nr. 107 und 236

237 750 Jahre Berlin – Alexanderplatz

Der Alexanderplatz war städtebaulicher Mittelpunkt von Ost-Berlin. Seinen Namen erhielt er 1805 zu Ehren von Zar Alexander I. Die wechselvolle Geschichte des Platzes ist heute in acht Porzellanbildern im Fußgängertunnel am Hotel »Stadt Berlin« dargestellt. An der Stelle, an der sich früher das Denkmal der Berolina befand, steht heute eine Weltzeituhr (siehe Münzabbildung), flankiert von Berolina- und Alexander-Haus, den einzigen noch erhaltenen Bauten aus der Vorkriegszeit.

(J. 1616 – Sch. 116 – AKS 538)
5 Mark (Neusilber)
1988, Mz. A
∅ 29 mm
VZ / ST 28,– / PP 360,–
s. a. Nr. 91 und 630

Rand: 1838, L E I P Z I G – D R E S D E N

238 Erste deutsche Ferneisenbahn – 150. Jahrestag

Die erste deutsche »Ferneisenbahn« mit der Lokomotive »Saxonia« verkehrte 1838 zwischen Leipzig und Dresden (über Riesa), nachdem 1835 zwischen Nürnberg und Fürth auf einer Strecke von 6 Kilometern ein Zug mit der Lokomotive »Adler« fuhr. Die nach englischem Vorbild gebaute »Saxonia« gilt als erste in Deutschland gebaute Lokomotive.

(J. 1619 – Sch. 119 – AKS 539)
5 Mark (Neusilber)
1988, Mz. A
∅ 29 mm
VZ / ST 25,– / PP 220,–

Rand: O S T S E E · E I N M E E R D E S F R I E D E N S

239 30 Jahre Überseehafen Rostock

1958 wurde in Rostock der Überseehafen in Betrieb genommen. Rostock war zwar vorher schon der bedeutendste Hafen des Landes Mecklenburg, konnte nun aber auch von den großen Überseeschiffen angesteuert werden. Das Münzbild zeigt ein Semi-Container-Schiff des Typs »Meridian«, der auf der Warnow-Werft in Rostock-Warnemünde gebaut wurde.

(J. 1620 – Sch. 120 – AKS 540)
5 Mark (Neusilber)
1988, Mz. A
Rand: * 5 MARK (4 ×)
∅ 29 mm
VZ / ST 110,– / PP 230,–

240 Ernst Barlach – 50. Todestag

Der Bildhauer, Graphiker und Dichter Ernst Barlach (1870–1938) gestaltete seine bildhauerischen und graphischen Werke in einfacher, monumentaler Form und starkem, meist verinnerlichtem Ausdruck. Seine Dramen sind expressionistisch, visionär und gleichnishaft.

(J. 1628 – Sch. 128 – AKS 541)
5 Mark (Neusilber)
1989, Mz. A
Rand: * 5 MARK (4 ×)
∅ 29 mm
VZ / ST 100,– / PP 200,–

241 Carl von Ossietzky – 100. Geburtstag

Carl von Ossietzky (1889–1938) war politischer Publizist und von 1927 bis 1933 Herausgeber der Wochenschrift »Weltbühne«. Seit 1933 war er in Gestapohaft. 1935 wurde ihm die Annahme des Friedensnobelpreises untersagt (daraufhin auch jedem anderen Reichsdeutschen). Ossietzky starb 1938 an den Folgen der KZ-Haft.

(J. 1627 – Sch. 125 – AKS 542)
5 Mark (Neusilber)
1989, Mz. A
∅ 29 mm
VZ / ST 25,– / PP 200,–
s. a. Nr. 243 u. 331

Rand: THOMAS MÜNTZER 1489–1525

242 Thomas Müntzer – 500. Geburtstag – Marienkirche Mühlhausen

Der Theologe und Augustinermönch Thomas Müntzer war anfangs Anhänger Luthers, entwickelte aber als Prediger Ideen, die stark von Luthers Ansichten abwichen. Dadurch entstand ein scharfer Gegensatz zwischen beiden. Die Bürger von Mühlhausen wählten 1520 Müntzer zum Pfarrer an der Marienkirche. Als geistlicher Anführer eines Bauernheeres, das er in Mühlhausen um sich sammelte, wurde er bei Frankenhausen festgenommen und nach Folterungen in Mühlhausen hingerichtet.

(J. 1626 – Sch. 124 – AKS 543)
5 Mark (Neusilber)
1989, Mz. A
∅ 29 mm
VZ / ST 25,– / PP 200,–
s. a. Nr. 242 u. 331

Rand: T H O M A S M Ü N T Z E R 1 4 8 9 – 1 5 2 5

243 Thomas Müntzer – 500. Geburtstag – Katharinenkirche in Zwickau

Thomas Müntzer war an der Katharinenkirche in Zwickau von 1520 bis 1522 Prediger. Die Katharinenkirche ist im gotischen Stil erbaut (13.–15. Jh.) und mit wertvollen Gemälden des Hans von Kulmbach (ein Schüler Dürers) ausgestattet.

(J. 1631 – Sch. 131 – AKS 544)
5 Mark (Neusilber)
1990, Mz. A
Rand: * 5 MARK (4 ×)
∅ 29 mm
VZ / ST 22,– / PP 190,–

244 500 Jahre Postwesen

Franz von Taxis richtete 1490 im Auftrag des damaligen Kaisers Maximilian I. eine feste Postverbindung zwischen den beiden Residenzen Maximilians Innsbruck und Mechelen (bei Brüssel) ein. Er schuf auf der über 1000 Kilometer langen Strecke ein Stafettensystem von Boten zu Pferd und zu Fuß. An der Poststation übergab ein Bote dem nächsten in der Stafette die Briefe. Viel Zeit wurde gespart: Es dauerte nur fünf bis sechs Tage, bis eine Botschaft von Residenz zu Residenz gelangte.

(J. 1632 – Sch. 132 – AKS 545)
5 Mark (Neusilber)
1990, Mz. A
Rand: * 5 MARK (4 ×)
Ø 29 mm
VZ / ST 19,– / PP 190,–
s. a. Nr. 332

245 Zeughaus Berlin, Museum für Deutsche Geschichte

Das Zeughaus, ein bedeutender Barockbau, wurde 1695 begonnen und 1730 vollendet. Von diesem Zeitpunkt an bis 1877 dienten seine Räume als Waffenarsenal und zur Ausstellung von Kriegstrophäen. Im Innenhof befinden sich die von Schlüter gestalteten 22 Köpfe sterbender Krieger. Von 1953 bis 1990 war im Zeughaus das Museum für Deutsche Geschichte eingerichtet. Nun dient es als Ort von Wechselausstellungen zur deutschen Geschichte.

(J. 1633 – Sch. 134 – AKS 546)
5 Mark (Neusilber)
1990, Mz. A
Rand: * 5 MARK (4 ×)
Ø 29 mm
VZ / ST 90,– / PP 210,–

246 Kurt Tucholsky – 100. Geburtstag

Der Schriftsteller Kurt Tucholsky (1890–1935) lebte nach seiner Emigration (1929) in Schweden. Er hatte eine Vorliebe für Satiren in Vers und Prosa, in denen er mit den politischen und gesellschaftlichen Zuständen seiner Zeit scharf ins Gericht ging. Neben solchen ironischen Werken schrieb er auch heiter beschwingte Skizzen.

(J. 1517 –
Sch. 16 – AKS 451)
10 MDN (S)
1966
∅ 31 mm
VZ / ST 570,–

Rand: 10 MARK DER DEUTSCHEN NOTENBANK

251 Karl Friedrich Schinkel – 125. Todestag

Der Architekt und Maler Karl Friedrich Schinkel (1781–1841) bevorzugte eine klassizistische Richtung und nahm sich besonders die griechischen Werke aus dem Zeitalter des Perikles zum Vorbild. Seine berühmtesten Bauwerke in Berlin: Neue Wache, Schauspielhaus, Altes Museum, Schloß Tegel und die Friedrichswerdersche Kirche, in Potsdam: Schloß Charlottenhof, Schloß Glienecke und die Nikolaikirche.

(J. 1519 –
Sch. 18 – AKS 452)
10 MDN (S)
1967
∅ 31 mm
VZ / ST 130,–
s. a. Nr. 117

Rand: 10 MARK DER DEUTSCHEN NOTENBANK

252 Käthe Kollwitz – 100. Geburtstag

Die Malerin und Graphikerin Käthe Kollwitz (1867–1945) lebte mit ihrem Mann, einem Armenarzt, in einem Berliner Arbeiterviertel. Ihr Werk klagt die Erniedrigung des Menschen an. In ausdrucksstarken, ergreifenden Zeichnungen und Plastiken gestaltete sie vorwiegend das Elend der Armen und Unterdrückten. Arbeitslosigkeit, Hunger, Not, Armut und Tod sind ihre Themen. Berühmt sind auch ihre Selbstbildnisse.

(J. 1523 – Sch. 20 – AKS 453)
10 Mark (S)
1968
Rand: * 10 MARK (3 ×)
∅ 31 mm
VZ / ST 120,–
s. a. Nr. 59

253 Johann Gutenberg – 500. Todestag

Johannes Gutenberg (1397–1468) erfand um 1445 den Druck mit beweglichen, auswechselbaren Lettern, die er mittels des von ihm konstruierten Handgießinstrumentes goß. Er schuf damit das für die kulturelle Entwicklung der Neuzeit entscheidend wichtige Druckverfahren. Sein erster typographischer Druck war ein Gedicht vom Weltgericht, der berühmteste die 42zeilige Bibel (um 1455), künstlerisch und technisch hervorragend gestaltet.

(J. 1527 – Sch. 25 – AKS 454)
10 Mark (S)
1969
Rand: * 10 MARK (3 ×)
∅ 31 mm
VZ / ST 110,–

254 Johann Friedrich Böttger – 250. Todestag

Johann Friedrich Böttger (1682–1719) gelang zusammen mit Graf von Tschirnhaus die Herstellung eines Steinguts, das später als »rotes Porzellan« oder »Böttger-Steinzeug« bekannt wurde. 1710 gründete Böttger die Meißener Porzellanmanufaktur, deren Leiter er bis kurz vor seinem Tode blieb.

(J. 1528 – Sch. 27 – AKS 455)
10 Mark (S)
1970
Rand: * 10 MARK (3 ×)
∅ 31 mm
VZ / ST 145,–
s. a. Nr. 63

255 Ludwig van Beethoven – 200. Geburtstag

Ludwig van Beethoven (1770–1827) gilt als Schöpfer der modernen Instrumentalmusik. Die Ausstrahlungskraft seiner Werke hat die Musikentwicklung stark beeinflußt. Die Bedeutung Beethovens liegt in der Ausweitung der musikalischen Mittel zu gewaltiger Aussagekraft und im Reichtum der Erfindung bei großer formaler Geschlossenheit. Seine berühmtesten Werke sind: Eroica, Fidelio, Missa solemnis und seine neunte Sinfonie.

(J. 1545 – Sch. 31 – AKS 456)
10 Mark (S)
1971
Rand: * 10 MARK (3 ×)
∅ 31 mm
VZ / ST 120,–
s. a. Nr. 11 u. 65

256 Albrecht Dürer – 500. Geburtstag

Der Maler und Graphiker Albrecht Dürer (1471–1528) war Schüler seines Vaters und von M. Wolgemut. Neben Gemälden und Aquarellen sind besonders seine Zeichnungen, Holzschnitte und Kupferstiche hervorzuheben. Erstmals steht die Graphik gleichbedeutend neben der Malerei. Seine Kunst verbindet südliche Form (Auseinandersetzung mit der Renaissance) mit deutschem Ausdruck zu hoher Vollendung.

(J. 1539 – Sch. 36 – AKS 457)
10 Mark (Neusilber)
1972, Mz. A
Rand: * 10 MARK (4 ×)
∅ 31 mm
VZ / ST 8,–

257 Mahn- und Gedenkstätte Buchenwald

Das Konzentrationslager Buchenwald bei Weimar diente den Nationalsozialisten von 1937 bis 1945 als Arbeits-, Straf- und Internierungslager. Buchenwald gehörte zu den KZ-Lagern, die nicht ausschließlich auf Vernichtung ausgerichtet waren (wie z. B. Auschwitz, Sobibor oder Maidanek). Trotzdem kamen auch in Buchenwald erschreckend viele Hälftlinge durch Hinrichtung, Unterernährung, Krankheit und Selbstmord um.

(J. 1542 – Sch. 40 – AKS 458)
10 Mark (S)
1972
Rand: * 10 MARK (3 ×)
∅ 31 mm
VZ / ST 120,–

258 Heinrich Heine – 175. Geburtstag

Heinrich Heine (1797–1856) gehörte zu den bedeutendsten lyrischen und satirischen Begabungen im 19. Jahrhundert. Der dichterische Ruhm beruhte zunächst auf dem »Buch der Lieder«. Dieses meistgedruckte und -übersetzte Werk Heines blieb in vielfachen Vertonungen der Gedichte durch Schubert, Schumann, Mendelssohn, Brahms und vielen anderen Komponisten im Bewußtsein der Deutschen lebendig.

(J. 1544 – Sch. 44 – AKS 459)
10 Mark (S)
1973
Rand: * 10 MARK (3 ×)
Ø 31 mm
VZ / ST 115,–

259 Bertolt Brecht – 75. Geburtstag

Bertolt Brecht (1898–1956) zählt als teils realistischer, teils satirisch-grotesker Erzähler, Lyriker, Balladen- und Moritatendichter, Theatertheoretiker und genialer Dramatiker zu den bedeutendsten, vielseitigsten und einflußreichsten Autoren des 20. Jahrhunderts. Der Zwiespalt zwischen menschlicher Freiheit und sozialer Gerechtigkeit sowie das Glücksverlangen des einzelnen und die Notwendigkeit des Opfers ist das Grundthema Brechts.

(J. 1545 – Sch. 45 – AKS 460)
10 Mark (Neusilber)
1973, Mz. A
Rand: Geriffelt
Ø 31 mm
VZ / ST 8,–

260 X. Weltfestspiele der Jugend und Studenten in Berlin 1973

Die Weltfestspiele der Jugend und Studenten wurden 1947 vom Weltbund der Demokratischen Jugend gegründet. Die Spiele fanden erstmals 1947 in Prag statt. In Ostberlin wurden sie 1951 und im Jahre 1973 abgehalten; hier trafen sich 20000 Jugendliche aus 140 Ländern und etwa 80000 aus der DDR.

(J. 1553 – Sch. 53 – AKS 461)
10 Mark (S)
1974
Rand: * 10 MARK (3 ×)
∅ 31 mm
VZ / ST 120,– / PP 15000,–

261 Caspar David Friedrich – 200. Geburtstag

Caspar David Friedrich (1774–1840) war der bedeutendste Landschaftsmaler der deutschen Romantik. Er bevorzugte stimmungsvolle Landschaften, meist mit symbolhaften Motiven der Unendlichkeit oder Vergänglichkeit. Seine bekanntesten Gemälde: Kreidefelsen auf Rügen, Das Kreuz im Gebirge, Mönch am Meer, Hoffnung, Greifswalder Hafen und Mondaufgang am Meer.

(J. 1552 – Sch. 52 – AKS 462)
10 Mark (S)
1974
Rand: * 10 MARK (3 ×)
∅ 31 mm
VZ / ST 120,– / PP 8500,–
s. a. Nr. 203, 263, 290 u. 320

262 XXV Jahre DDR (Städtemotiv)

Das Städtemotiv auf der Münze zeigt den Dresdner Zwinger, das Karl-Marx-Monument in Chemnitz, den Berliner Funkturm, das Universitätshochhaus in Leipzig, Sanssouci in Potsdam, den Kulturpalast in Neubrandenburg und die Kirchen Severi und Petri in Erfurt.

(J. 1551 – Sch. 51 – AKS 463)
10 Mark (Neusilber)
1974, Mz. A
Rand: Geriffelt
Ø 31 mm
VZ / ST 10,–
s. a. Nr. 203 und 262

263 Alles mit dem Volk – alles für das Volk (25 Jahre DDR)

Am 7. Oktober 1949 wurde aus der sowjetisch besetzten Zone die »Deutsche Demokratische Republik«. Das 25jährige Bestehen der DDR wurde im Oktober 1974 drei Tage lang gefeiert. Farbige Plakate verkündeten auf allen größeren Plätzen Ostberlins: »Die DDR – das sind wir« und »Seht, was aus uns geworden ist!«

(J. 1554 – Sch. 54 – AKS 464)
10 Mark (S)
1975
Rand: * 10 MARK (3 ×)
Ø 31 mm
VZ / ST 120,– / PP 3800,–
s. a. Nr. 72

264 Albert Schweitzer – 100. Geburtstag

Albert Schweitzer (1875–1965) war Theologe, Arzt, Philosoph und Musiker. Er gründete 1913 ein Urwaldhospital mit Leprastation in Lambarene (Gabun). Um die Geldmittel hierfür zu beschaffen, unternahm er Vortragsreisen, gab Konzerte und machte so die ganze Welt auf seine Arbeit und die Not der Afrikaner aufmerksam. Schweitzer lehrte und lebte einen »christlichen Humanismus«, der sich auf die Ehrfurcht vor dem Leben gründete. Als Musiker zeichnete er sich durch die Herausgabe und Interpretation der Orgelwerke Bachs aus.

(J. 1557 – Sch. 56 – AKS 465)
10 Mark (Neusilber)
1975, Mz. A
Rand: Geriffelt
∅ 31 mm
VZ / ST 12,–

265 20 Jahre Warschauer Pakt

Am 14. Mai 1955 schlossen Albanien (bis 1968), Bulgarien, CSFR, DDR, Polen, Rumänien, UdSSR und Ungarn ein Verteidigungsbündnis, den »Warschauer Pakt, als Gegenstück zur NATO. Die Truppen der Mitgliedsstaaten wurden einem Zentralen Oberkommando mit Sitz in Moskau unterstellt.

(J. 1562 – Sch. 62 – AKS 466)
10 Mark (S)
1976
Rand: * 10 MARK (3 ×)
∅ 31 mm
VZ / ST 120,– / PP 270,–

266 Carl Maria von Weber – 150. Todestag

Carl Maria von Weber (1786–1826) wurde mit seinem »Freischütz« zum Schöpfer der deutschen romantischen Oper. Weitere Opern: »Rübezahl«, »Silvana«, »Abu Hassan«, »Euryanthe« und »Oberon«. Er komponierte darüber hinaus mehrere Konzerte, Ouvertüren, zwei Sinfonien, Kirchenmusik, Chorwerke, Bühnenmusiken und viele Klavierstücke

(J. 1560 – Sch. 60 – AKS 467)
10 Mark (Neusilber)
1976, Mz. A
Rand: Geriffelt
∅ 31 mm
VZ / ST 25,–

267 20 Jahre Nationale Volksarmee

Die Nationale Volksarmee, die Streitkräfte der DDR, ging am 18. 1. 1956 aus der 1948 aufgestellten Bereitschaftspolizei (die ab 1952 »Kasernierte Volkspolizei« hieß) hervor. Die NVA gliederte sich in Landstreitkräfte, Luftwaffe, Marine und das am 15. 9. 1961 angeschlossene »Kommando Grenze«.

(J. 1565 – Sch. 64 – AKS 468)
10 Mark (S)
1977
Rand: * 10 MARK (3 ×)
∅ 31 mm
VZ / ST 155,– / PP 280,–

268 Otto von Guericke – 375. Geburtstag

Der Physiker Otto von Guericke (1602–1686) erfand 1654 die Luftpumpe. Etwas später führte er die Wirkung des Luftdrucks mit zwei Halbkugeln in Magdeburg vor, die fast luftleer gepumpt von je 8 Pferden nicht getrennt werden konnten. Außerdem erfand er ein Barometer und erkannte den Zusammenhang zwischen Luftdruck und Wetter. Andere Versuche führten zur Erfindung einer Elektrisiermaschine.

(J. 1567 – Sch. 67 – AKS 469)
10 Mark (S)
1978
Rand: * 10 MARK (3×)
∅ 31 mm
VZ / ST 135,– / PP 280,–

269 Justus von Liebig – 175. Geburtstag

Der Chemiker Freiherr Justus von Liebig (1803–1873) unternahm bahnbrechende Forschungen auf allen Gebieten der Chemie. Am bekanntesten wurden seine Entdeckungen im Bereich der Ernährung (Fleischextrakt) und Landwirtschaft (Kunstdünger).

(J. 1568 – Sch. 69 – AKS 470)
10 Mark (Neusilber)
1978, Mz. A
Rand: * 10 MARK (4×)
∅ 31 mm
VZ / ST 38,– / PP 1200,–

270 Gemeinsamer Weltraumflug – UdSSR-DDR

Den ersten gemeinsamen Weltraumflug unternahmen die UdSSR und die DDR mit den Kosmonauten Valerij Bukovskij und Sigmund Jähn in der Raumkapsel Sojus 31 vom 26. August bis 2. September 1978.

(J. 1574 – Sch. 72 – AKS 471)
10 Mark (S)
1979
Rand: * 10 MARK (3 ×)
∅ 31 mm
VZ / ST 135,– / PP 280,–
s. a. Nr. 86, 273, 303 und 305

271 Ludwig Feuerbach – 175. Geburtstag

Der Philosoph Ludwig Feuerbach (1804–1872) war ein Schüler Hegels. Sein »Wesen des Christentums« enthält eine Kritik des Christentums unter anthropologischen Gesichtspunkten. Feuerbach entwickelte seine von der dialektischen Methode stark beeinflußte Lehre an der Kritik von Hegels spekulativer Philosophie. Feuerbachs Ansichten hatten entscheidenden Einfluß auf Marx und Engels.

(J. 1577 – Sch. 75 – AKS 472)
10 Mark (S)
1980
Rand: * 10 MARK (3 ×)
∅ 31 mm
VZ / ST 140,– / PP 280,–
s. a. Nr. 27, 83, 322

272 Gerhard J. D. von Scharnhorst – 225. Geburtstag

General Gerhard Johann David von Scharnhorst (1755–1813) führte als Leiter des Kriegsministeriums im Zusammenhang mit den Reformen des Freiherrn vom Stein die preußische Heeresreform durch. U. a. Beseitigung des Adelsprivilegs auf Offizierstellen und Durchsetzung der allgemeinen Wehrpflicht. Als Generalstabschef Blüchers bereitete er die Erhebung gegen Napoleon vor.

(J. 1581 – Sch. 80 – AKS 473)
10 Mark (S)
1981
Rand: * 10 MARK (3 ×)
∅ 31 mm
VZ / ST 120,– / PP 270,–
s. a. Nr. 55, 271 und 292

273 Georg Wilhelm Friedrich Hegel – 150. Todestag

Der Philosoph G. W. F. Hegel (1770–1831) gilt als der bedeutendste Vertreter des deutschen Idealismus. Dem subjektiven Idealismus Fichtes und dem objektiven Schellings stellte Hegel den absoluten Idealismus entgegen. Hegels Lehre hatte großen Einfluß auf die Philosophie und Geistesgeschichte des 19. Jahrhunderts.

(J. 1578 – Sch. 78 – AKS 474)
10 Mark (Neusilber)
1981, Mz. A
Rand: * 10 MARK (4 ×)
∅ 31 mm
VZ / ST 22,– / PP 160,–

274 25 Jahre NVA (Nationale Volksarmee)

Die Nationale Volksarmee, die Streitkräfte der DDR, ging am 18. 1. 1956 aus der 1948 aufgestellten Bereitschaftspolizei (die ab 1952 »Kasernierte Volkspolizei« hieß) hervor. Die NVA gliederte sich in Landstreitkräfte, Luftwaffe, Marine und das am 15. 9. 1961 angeschlossene »Kommando Grenze«.

(J. 1582 – Sch. 82 – AKS 475)
10 Mark (Neusilber)
1981
Rand: * 10 MARK (4 ×)
∅ 31 mm
VZ / ST 115,– / PP 260,–

275 700 Jahre Münzprägung in Berlin

Schon im 13. Jahrhundert beherbergte Berlin eine brandenburgische Münzstätte, die 1369 von Cölln und Berlin durch eine einmalige Abfindung an den Markgrafen von Brandenburg übernommen wurde. Die Berliner Münze wurde später zur wichtigsten Prägestätte des Königsreiches Preußen.
Die Vorderseite der Münze zeigt den »Ewigen Pfennig« von 1369, der als älteste in Berlin geprägte Münze bekannt ist.

(J. 1583 – Sch. 83 – AKS 476)
10 Mark (S)
1982
Rand: * 10 MARK (3 ×)
∅ 31 mm
VZ / ST 150,– / PP 300,–
s. a. Nr. 89 und 315

276 Neues Gewandhaus Leipzig

Nach vierjähriger Bauzeit wurde 1981 das Neue Gewandhaus als repräsentativer Wirkungsort für das weltberühmte Gewandhausorchester errichtet. Der Große Saal bietet Platz für 1900 Konzertbesucher. Der Kleine Saal wird als Mehrzwecksaal für Kammermusikaufführungen und Konferenzen genutzt und faßt knapp 500 Personen. Daß die große Glasfront die revolutionären Ereignisse im Herbst 1989 unbeschadet überstanden hat, ist vor allem dem Ansehen dieses Hauses und dem Wirken seines Hausherrn Kurt Masur zu danken.

(J. 1589 –
Sch. 88 – AKS 477)
10 Mark (S)
1983
Rand: * 10 MARK (3 ×)
∅ 31 mm
VZ / ST 120,– / PP 260,–

277 Richard Wagner – 100. Todestag

Der Komponist Richard Wagner (1813–1883) erstrebte im Sinne der Romantik ein Gesamtkunstwerk von Musik, Dichtung und szenarischer Darstellung. Seine bekanntesten Opern: »Rienzi«, »Der fliegende Holländer«, »Tannhäuser«, »Lohengrin«, »Der Ring des Nibelungen«, »Tristan und Isolde«, »Die Meistersinger von Nürnberg« und »Parsifal«. Wagner war sein eigener Textdichter, die Stoffe entnahm er meist der Sagenwelt.

(J. 1593 –
Sch. 94 – AKS 478)
10 Mark (Neusilber)
1983, Mz. A
Rand: * 10 MARK (4 ×)
∅ 31 mm
VZ / ST 32,– / PP 210,–

278 30 Jahre Kampfgruppen der Arbeiterklasse

Die 1953 erstmals zusammengestellten Kampfgruppen waren in der DDR militärähnliche Verbände der SED, die in Betrieben, Behörden, Schulen, landwirtschaftlichen Produktionsgenossenschaften usw. aufgestellt wurden und zum »Schutz« derselben dienten.

(J. 1597 –
Sch. 96 – AKS 479)
10 Mark (S)
1984, Mz. A
Rand: * 10 MARK (3 ×)
∅ 31 mm
VZ / ST 125,– / PP 290,–

279 Alfred Brehm – 100. Todestag

Der Zoologe und Schriftsteller Alfred Brehm (1829–1884) war seit 1863 Direktor des Hamburger Zoos und Gründer des Berliner Aquariums. In seinen Büchern beschrieb er das Leben der Tiere sehr lebendig. Sein Hauptwerk »Illustriertes Tierleben« (13 Bände), später »Brehms Tierleben«, wurde in viele Sprachen übersetzt.

(J. 1600 –
Sch. 100 – AKS 480)
10 Mark (S)
1985, Mz. A.
Rand:
*1841*1878*1945*1985
∅ 31 mm
VZ / ST 140,– / PP 280,–

280 Semperoper Dresden – Wiedereröffnung

Unter dem Baumeister Gottfried Semper entstand die alte Semperoper in Dresden. Sie wurde 1841 eröffnet und brannte 1869 nieder. Das neue Hoftheater, später Semperoper genannt, wurde unter Leitung des Sohnes Manfred Semper in den Jahren 1871 bis 1878 neben dem alten Gebäude errichtet. 1945 wurde die Semperoper von Bomben zerstört und nach mehrjähriger Bauzeit 1985 wiedereröffnet.

(J. 1603 –
Sch. 106 – AKS 481)
10 Mark (Neusilber)
1985, Mz. A
Rand: * 10 MARK (4 ×)
∅ 31 mm
VZ / ST 22,– / PP 235,–

281 40. Jahrestag des Sieges über Hitlerfaschismus

Der Zweite Weltkrieg ging im Mai 1945 zu Ende. Er hat 55 Millionen Menschen das Leben gekostet. Am 7. Mai 1945 kapitulierte die deutsche Wehrmacht bedingungslos in Reims; einen Tag später wurde die Unterzeichnung der Kapitulationsurkunde durch Generalfeldmarschall Keitel vor den Russen in Berlin-Karlshorst wiederholt.

(J. 1606 –
Sch. 102 – AKS 482)
10 Mark (S)
1985, Mz. A
Rand: * 10 MARK (3 ×)
∅ 31 mm
VZ / ST 155,– / PP 280,–
s. a. Nr. 57 und 302

282 175 Jahre Humboldt-Universität zu Berlin

Das Universitätsgebäude entstand in den Jahren 1748–1766 nach Entwürfen von G. W. von Knobelsdorff. Friedrich Wilhelm III. stellte 1810 das Gebäude für die von Wilhelm von Humboldt gegründete Universität als Vorlesungsgebäude zur Verfügung. Zu beiden Seiten des Hauptportals erheben sich die Denkmäler der Brüder Alexander und Wilhelm von Humboldt (s. a. Vorderseite der Münze). 1949 wurde die Friedrich-Wilhelm-Universität zu Ehren ihres Gründers in Humboldt-Universität unbenannt.

(J. 1612 –
Sch. 108 – AKS 483)
10 Mark (S)
1986, Mz. A
Rand: * 10 MARK (3 ×)
∅ 31 mm
VZ / ST 130,– / PP 280,–

283 275 Jahre Charité, Berlin

Das traditionsreiche Universitätskrankenhaus wurde 1710 als Pesthaus vor dem Spandauer Tor eröffnet. Die Charité wurde durch Wissenschaftler wie Robert Koch, Rudolf Virchow und Ferdinand Sauerbruch berühmt. Das Münzbild zeigt das historische Gebäude am Haupteingang, dahinter das moderne Klinikum aus dem Jahr 1982.

(J. 1608 –
Sch. 109 – AKS 484)
10 Mark (Neusilber)
1986, Mz. A
Rand: * 10 MARK (4 ×)
∅ 31 mm
VZ / ST 16,– / PP 230,–
s. a. Nr. 257, 308

284 Ernst Thälmann – 100. Geburtstag

Ernst Thälmann (1886–1944) war seit 1903 in der SPD tätig und wurde 1919 Vorsitzender der Unabhängigen Sozialdemokratischen Partei und 1925 der KPD. Als Mitglied des Reichstages (1924–1933) kandidierte er für die KPD bei den Reichstagswahlen 1925 und 1932 für das Amt des Reichspräsidenten. 1933 wurde er von den Nationalsozialisten verhaftet und nach elfjähriger Haft im KZ Buchenwald erschossen.

(J. 1616 –
Sch. 116 – AKS 485)
10 Mark (S)
1987, Mz. A
Rand: * 10 MARK (3 ×)
∅ 31 mm
VZ / ST 125,– / PP 260,–

285 Schauspielhaus Berlin

Das Schauspielhaus Berlin wurde 1818 bis 1821 von Schinkel errichtet. Zur Einweihung wurde Goethes »Iphigenie« aufgeführt. Im Jahr 1848 tagte hier die preußische konstituierende Nationalversammlung. Im Herbst 1984 wurde das äußerlich originalgetreu wiederhergestellte Gebäude als Konzerthaus wiedereröffnet. Der klassizistisch ausgeführte Große Saal faßt 1200 Besucher; im Kammermusiksaal haben 350 bis 450 Personen Platz.

(J. 1622 –
Sch. 121 – AKS 486)
10 Mark (S)
1988, Mz. A
∅ 31 mm
VZ / ST 220,– / PP 390,–

Rand: I C H H A B ' S G E W A G T

286 Ulrich von Hutten – 500. Geburtstag

Ulrich von Hutten (1488–1523) war Humanist, Dichter und Reichsritter. Er trat für ein einheitliches starkes deutsches Kaiserreich mit führender Beteiligung der Ritterschaft ein. Als Verfasser improvisierter, aber sehr wirkungsvoller Kampfschriften zog er sich den Unwillen von Papst und Fürsten zu.

(J. 1623 –
Sch. 123 – AKS 486)
10 Mark (Neusilber)
1988, Mz. A
Rand: * 10 MARK (4 ×)
∅ 31 mm
VZ / ST 23,– / PP 280,–

287 DDR – Sport 1948–1988

Der Sport hatte in der DDR einen hohen Stellenwert. So bezeichnete Walter Ulbricht 1954 den Kampf um höchste sportliche Leistungen als patriotische Pflicht und setzte das Ziel: »Die Sportler der DDR müssen in den nächsten Jahren in allen wichtigen Sportarten den höchsten Leistungsstand in Deutschland erreichen!« Dies führte dazu, daß die DDR bei Olympischen Spielen mit der UdSSR und den USA zu den »großen Drei« gehörte.

(J. 1629 –
Sch. 129 – AKS 488)
10 Mark (S)
1989, Mz. A
Rand: * 10 MARK (3 ×)
∅ 31 mm
VZ / ST 245,– / PP 590,–

288 Johann Gottfried Schadow – 225. Geburtstag

Der Bildhauer und Graphiker Johann Gottfried Schadow (1764–1850) war der Hauptmeister des deutschen Klassizismus, der seinen Werken trotz der ideellen Grundhaltung echten Porträtcharakter zu verleihen verstand. Sein bekanntestes Werk ist die Quadriga auf dem Brandenburger Tor in Berlin. Dem Numismatiker wird auch der sogenannte Schadow-Fries mit Darstellungen der Münzherstellung an der Außenseite der königl. Münze am Werderschen Markt in Berlin bekannt sein.

(J. 1625 –
Sch. 127 – AKS 489)
10 Mark (Neusilber)
1989, Mz. A
Rand: * 10 MARK (4 ×)
∅ 31 mm
VZ / ST 95,– / PP 250,–

289 40 Jahre Rat für gegenseitige Wirtschaftshilfe

Der Rat für gegenseitige Wirtschaftshilfe (RGW) wurde am 25. 1. 1949 als wirtschaftlicher Zusammenschluß der Ostblockstaaten gebildet. In westlichen Ländern ist der englische Begriff COMECON (Council for Mentual Economic Aid) mehr bekannt. Die Verwaltungsarbeit liegt beim Generalsekretariat in Moskau.

(J. 1630 –
Sch. 130 – AKS 490)
10 Mark (Neusilber)
1989, Mz. A
Rand: * 10 MARK (4 ×)
∅ 31 mm
VZ / ST 29,– / PP 325,–
s. a. Nr. 203, 262, 263,
311 und 320

290 40 Jahre DDR

Am 7. Oktober 1949 wurde die »Deutsche Demokratische Republik«, ausgerufen. Als erster Präsident wurde Wilhelm Pieck gewählt (bis 1960). Die folgenden DDR-Repräsentanten (Staatsratsvorsitzende) waren von 1960 bis 1973 Walter Ulbricht, von 1973 bis 1976 Willi Stoph und von 1976 bis 1989 Erich Honecker.

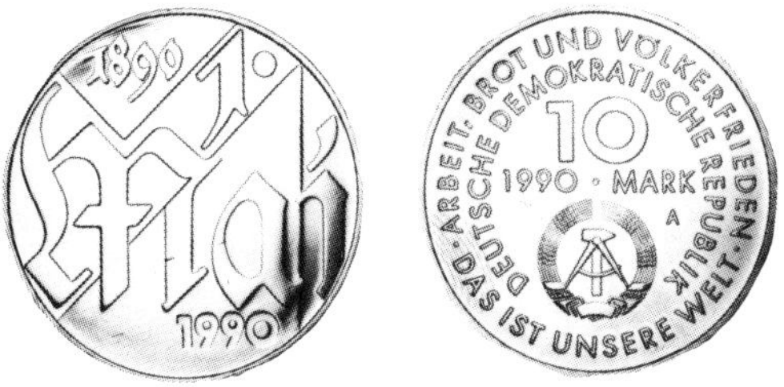

(J. 1637 –
Sch. 133 – AKS 491)
10 Mark (Neusilber)
1990, Mz. A
Rand: * 10 MARK (4 ×)
Ø 31 mm
VZ / ST 13,– / PP 250,–

291 1. Mai 1890–1990 (100 Jahre Tag der Arbeit)

Die »American Federation of Labor« faßte 1888 den Beschluß, den 1. Mai 1890 als sozialen Feiertag zu begehen. Dieser Beschluß wurde von dem 1889 in Paris tagenden Internationalen Arbeiterkongreß auf alle Länder ausgedehnt; es sollte damit hauptsächlich für den 8-Stunden-Tag demonstriert werden. Bis 1918 galt die Arbeitsruhe am 1. Mai fast überall als Streik; seitdem ist der Tag zum gesetzlichen Feiertag erklärt worden. Ausnahme: Die USA, die den Labor Day im September begeht.

(J. 1636 –
Sch. 135 – AKS 492)
10 Mark (S)
1990, Mz. A
Rand: * 10 MARK (3 ×)
Ø 31 mm
VZ / ST 240,– / PP 580,–
s. a. Nr. 55, 69 und 314

292 Johann Gottlieb Fichte – 175. Todestag

Der Philosoph Johann Gottlieb Fichte (1762–1814) studierte zunächst Theologie, bis er 1790 mit der Philosophie Kants bekannt wurde und sein weiteres Wirken der Philosophie widmete. Am bekanntesten wurden seine »Reden an die deutsche Nation« (1807–1808), mit denen er den Widerstand gegen die französische Fremdherrschaft erwecken half.

(J. 1518 –
Sch. 15 – AKS 416)
20 MDN (S)
1966
∅ 33 mm
VZ / ST 370,–
s. a. Nr. 56

Rand: 2 0 M A R K D E R D E U T S C H E N N O T E N B A N K

301 Gottfried Wilhelm Leibniz – 250. Todestag

Der Philosoph Gottfried Wilhelm Freiherr von Leibniz (1646–1716) war einer der vielseitigsten Gelehrten aller Zeiten. Er regte die Gründung der späteren Akademie der Wissenschaften in Berlin an, deren erster Präsident er war. In der Mathematik fand er gleichzeitig mit Newton, aber unabhängig von ihm, die Differential- und Integralrechnung. Leibniz war unter anderem auch auf Gebieten der Theologie, Geschichte, Politik, Rechts-, Natur- und Sprachwissenschaften produktiv tätig.

(J. 1520 –
Sch. 17 – AKS 417)
20 MDN (S)
1967
∅ 33 mm
VZ / ST 250,–
s. a. Nr. 57 und 282

Rand: 2 0 M A R K D E R D E U T S C H E N N O T E N B A N K

302 Wilhelm von Humboldt – 200. Geburtstag

Der Staatsmann und Sprachforscher Freiherr Wilhelm von Humboldt (1767–1835) gilt als Vater der vergleichenden Sprachwissenschaft. Ob als Kulturpolitiker oder Diplomat – stets wollte Wilhelm von Humboldt Geist und Politik vereinen, nicht die Politik durch den Geist entsühnen.

(J. 1521 –
Sch. 19 – AKS 418)
20 Mark (S)
1968
Rand: * 20 MARK (3 ×)
∅ 33 mm
VZ / ST 230,–
s. a. Nr. 86, 305 und 325

303 Karl Marx – 150. Geburtstag

Karl Marx (1818–1883) ist der Begründer des dialektischen Materialismus (Marxismus), aus dem die Sozialdemokratie und später der Kommunismus hervorgingen. 1848 veröffentlichte er in Brüssel mit Friedrich Engels »Das Kommunistische Manifest«. Sein Hauptwerk »Das Kapital« erschien bis zu seinem Tod in zwei Bänden, der dritte Band wurde von Engels herausgegeben.

(J. 1525 –
Sch. 23 – AKS 419)
20 Mark (S)
1969
Rand: * 20 MARK (3 ×)
∅ 33 mm
VZ / ST 250,–
s. a. Nr. 28, 85 und 221

304 Johann Wolfgang von Goethe – 220. Geburtstag

Johann Wolfgang von Goethe (1749–1832) war einer der bedeutendsten Dichter der Weltliteratur. Mit dem Drama »Götz von Berlichingen« und mit dem Briefroman »Die Leiden des jungen Werther« gewann er schlagartig Weltruhm. Entscheidend für sein gesamtes weiteres dichterisches Schaffen wurde die erste Italienreise (besonders in den »Römischen Elegien«, »Iphigenie auf Tauris«, »Egmont« und »Torquato Tasso«). Seine Hauptwerke: »Faust«, »Wilhelm Meisters Lehr- und Wanderjahre«, »Farbenlehre« und »Dichtung und Wahrheit«.

(J. 1529 –
Sch. 28 – AKS 420)
20 Mark (S)
1970
Rand: * 20 MARK (3 ×)
∅ 33 mm
VZ / ST 220,–
s. a. Nr. 86, 303 und 325

305 Friedrich Engels – 150. Geburtstag

Friedrich Engels (1820–1895) arbeitete als junger Mann im elterlichen Betrieb in Manchester. Dort lernte er soviel Not, Elend und Ausbeutung der Fabrikarbeiter kennen, daß er sich künftig intensiv mit den französischen, englischen und deutschen Frühsozialisten beschäftigte. 1844 lernte er in Paris Karl Marx kennen; dabei stellten beide ihre »vollständige Übereinstimmung auf allen theoretischen Gebieten« fest. Gemeinsam verfaßten sie das »Kommunistische Manifest«.

(J. 1546 – Sch. 32 – AKS 421)
20 Mark (Neusilber)
1971
Rand: * 20 MARK (4 ×)
∅ 33 mm
VZ / ST 160,–
s. a. Nr. 316

306 Karl Liebknecht – Rosa Luxemburg 100. Geburtstag

Karl Liebknecht (1871–1919) setzte das Werk seines Vaters Wilhelm Liebknecht (mit Bebel einer der führenden Männer der deutschen Arbeiterbewegung) fort. Er veröffentlichte ab Januar 1916 die Spartakusbriefe, die 1917 zur Gründung des Spartakusbundes führen. Rosa Luxemburg (1870–1919) war vor dem 1. Weltkrieg die Führerin der äußersten Linken innerhalb der SPD. Zusammen mit Liebknecht gründete sie den Spartakusbund. Anfang 1919 wurde sie zusammen mit Liebknecht verhaftet. Bei einem angeblichen Fluchtversuch wurden beide erschossen.

(J. 1531 –
Sch. 29 – AKS 422)
20 Mark (Neusilber)
1971
Rand: * 20 MARK
(4 ×, davon 2 × kopfstehend)
∅ 33 mm
VZ / ST 15,–

307 Heinrich Mann – 100. Geburtstag

Der Schriftsteller Heinrich Mann (1871–1950), Bruder von Thomas Mann, war in seinen Schriften stark vom Geiste Frankreichs (Flaubert, Voltaire, Balzac und Zola) beeinflußt und wurde zum betont antibürgerlichen Kämpfer für Fortschritt, radikale Demokratie und Pazifismus. Diese Haltung zwang ihn 1933 zu emigrieren. Sein Roman »Professor Unrat« wurde 1930 unter dem Titel »Der blaue Engel« verfilmt.

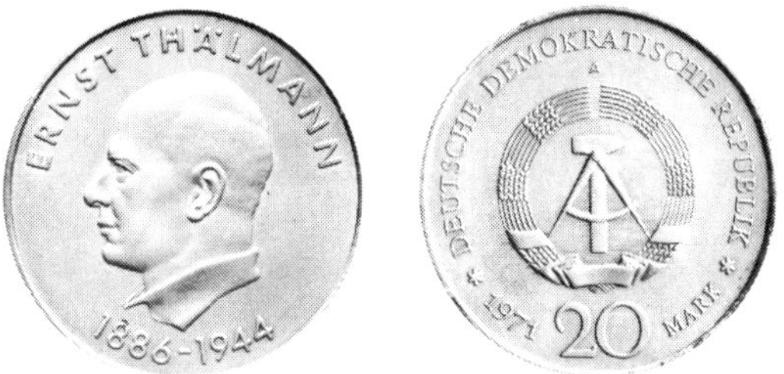

(J. 1535 –
Sch. 33 – AKS 423)
20 Mark (Neusilber)
1971, Mz. A
Rand: * 20 MARK (4 ×)
∅ 33 mm
VZ / ST 15,–
s. a. Nr. 257, 284

308 Ernst Thälmann – 85. Geburtstag

Ernst Thälmann (1886–1944) war seit 1903 in der SPD tätig und wurde 1919 Vorsitzender der Unabhängigen Sozialdemokratischen Partei und 1925 der KPD. Als Mitglied des Reichstages (1924–1933) kandidierte er für die KPD bei den Reichstagswahlen 1925 und 1932. 1933 wurde er von den Nationalsozialisten verhaftet und nach elfjähriger Haft im KZ Buchenwald erschossen.

(J. 1537 –
Sch. 35 – AKS 424)
20 Mark (Neusilber)
1972, Mz. A
Rand: * 20 MARK (4 ×)
∅ 33 mm
VZ / ST 16,–
s. a. Nr. 34 und 52

309 Friedrich von Schiller 1759–1805

Friedrich von Schiller (1759–1805) hatte seine ersten überwältigenden Erfolge mit dem Drama »Die Räuber« (1782) und dem Trauerspiel »Kabale und Liebe« (1784). Die folgenden Werke wie »Don Carlos«, »Wallenstein«, »Maria Stuart«, »Die Braut von Messina« und »Wilhelm Tell« machten ihn zum meistgespielten Klassiker der deutschen Bühne. Seine Gedichte und Balladen (»Die Kraniche des Ibykus«, »Der Ring des Polykrates«, »Der Taucher«, »Der Handschuh« und »Das Lied von der Glocke«) wurden zum festen Bestandteil des deutschen Schulunterrichtes.

(J. 1538 –
Sch. 37 – AKS 425)
20 Mark (S)
1972
Rand: * 20 MARK (3 ×)
∅ 33 mm
VZ / ST 165,–
s. a. Nr. 224

310 Lucas Cranach – 500. Geburtstag

Der Maler und Graphiker Lucas Cranach (1472–1553) wurde 1499 zusammen mit Albrecht Dürer von Friedrich dem Weisen beauftragt, die neu erbaute Schloßkirche in Wittenberg auszumalen. Neben Bildnissen von Zeitgenossen (die drei sächsischen Kurfürsten sowie Luther und Melanchthon) schuf er mythologische und besonders religiöse Bilder. Sein Hauptwerk in religiöser Beziehung ist der berühmte Flügelaltar in der Stadtkirche zu Weimar.

(J. 1541 –
Sch. 39 – AKS 426)
20 Mark (Neusilber)
1972
Rand: * 20 MARK (4 ×)
∅ 33 mm
VZ / ST 15,–
s. a. Nr. 290, 313 und 320

311 Wilhelm Pieck 1876–1960

Wilhelm Pieck (1876–1960) war seit 1910 im Parteivorstand der SPD und wurde 1918 Mitbegründer der KPD. Von 1928 bis 1933 war er als Vertreter der KPD Mitglied des Reichstags. 1945 wurde er Parteivorsitzender der KPD und gründete zusammen mit Grotewohl 1946 die SED. 1949 wurde er Präsident der Deutschen Demokratischen Republik.

(J. 1547 –
Sch. 47 – AKS 427)
20 Mark (S)
1973
Rand: * 20 MARK (3 ×)
∅ 33 mm
VZ / ST 165,–

312 August Bebel – 60. Todestag

August Bebel (1840–1913) war seit 1867 Mitglied des Reichstags (außer 1881–1883). Mit Wilhelm Liebknecht gründete Bebel 1869 die Sozialdemokratische Partei Deutschlands und wurde bald deren Führer. Nach Aufhebung des Sozialistengesetzes war Bebel am Erfurter Programm und am »Vorwärts« beteiligt, verfocht die internationale Arbeiterverbrüderung und stellte sich gegen jeden Revisionismus.

(J. 1548 –
Sch. 48 – AKS 428)
20 Mark (Neusilber)
1973, Mz. A
Rand: * 20 MARK (4 ×)
∅ 33 mm
VZ / ST 16,–
s. a. Nr. 290 und 311

313 Otto Grotewohl

Otto Grotewohl (1894–1964), seit 1945 Vorsitzender der SPD in der sowjetisch besetzten Zone, gab dem Druck der Kommunisten auf Verschmelzung zur SED nach. Seitdem war er mit Pieck zusammen Vorsitzender der SED. 1949 wurde er Ministerpräsident der DDR und von 1960 bis zu seinem Tod stellvertretender Vorsitzender des Staatsrates.

(J. 1549 –
Sch. 49 – AKS 429)
20 Mark (S)
1974
Rand: * 20 MARK (3 ×)
∅ 33 mm
VZ / ST 170,– / PP 450,–
s. a. Nr. 69 und 292

314 Immanuel Kant – 250. Geburtstag

Immanuel Kants Denken beeinflußte nachhaltig zahlreiche philosophische Strömungen der Vergangenheit und Gegenwart, besonders in Erkenntnis- und Wissenstheorie, Metaphysik, Religionsphilosophie, Ethik und Ästhetik, ferner Dichtung und Leben. Nachdem man ihm früher Relativierung der Wahrheit, Leugnung der Metaphysik und Selbstherrlichkeit des Menschen vorwarf, beachtet man heute mehr das Positive: z. B. Bedeutung für die Metaphysik oder Absolutheit des Sittlichen.

(J. 1555 –
Sch. 55 – AKS 430)
20 Mark (S)
1975
Rand: * 20 MARK (3 ×)
∅ 33 mm
VZ / ST 190,– / PP 25 000,–
s. a. Nr. 89 und 228

315 Johann Sebastian Bach – 225. Todestag

Der aus einer sehr musikalischen Familie stammende Johann Sebastian Bach (1685–1750) gilt seit der Wiederentdeckung durch Mendelssohn als einer der größten Komponisten. Spätes Mittelalter und Barock wurden in seinem Werk zusammengefaßt und gekrönt. Er übte einen nachhaltigen Einfluß auf die europäische Musik aus, der bis in die heutige Zeit reicht.

(J. 1561 –
Sch. 61 – AKS 431)
20 Mark (S)
1976
Rand: * 20 MARK (3 ×)
∅ 33 mm
VZ / ST 170,– / PP 450,–
s. a. Nr. 306, 312 und 316

316 Wilhelm Liebknecht – 150. Geburtstag

Der Vater von Karl Liebknecht, Wilhelm Liebknecht (1826–1900), war Teilnehmer an der Revolutionsbewegung von 1848/49. Er emigrierte in die Schweiz und wurde von dort nach London ausgewiesen. In London freundete er sich mit Marx und Engels an. 1867 wurde Liebknecht mit Bebel erster Abgeordneter einer linksgerichteten Partei im Reichstag. 1869 gründete er mit Bebel die Sozialistische Arbeiterpartei Deutschlands (seit 1890 SPD).

(J. 1563 –
Sch. 63 – AKS 432)
20 Mark (S)
1977
Rand: * 20 MARK (3 ×)
∅ 33 mm
VZ / ST 170,–
s. a. Nr. 74

317 Carl Friedrich Gauß – 200. Geburtstag

Carl Friedrich Gauß (1777–1855) war Mathematiker, Astronom und Physiker. Seine Zahlentheorie (die »Gaußsche Zahlenebene«) war bahnbrechend für die moderne Mathematik. Er entwickelte neue Methoden zur Bahnbestimmung der Planeten, die zur Wiederauffindung des Ceres führten. Seine grundlegenden Untersuchungen über Flächenkrümmungen legten als Resultat die »Gaußschen Koordinaten« fest. Gemeinsam mit W. Weber konstruierte er die ersten elektromagnetischen Telegraphen.

(J. 1570 –
Sch. 68 – AKS 433)
20 Mark (S)
1978
Rand: * 20 MARK (3 ×)
∅ 33 mm
VZ / ST 170,– / PP 350,–

318 J. G. Herder – 175. Todestag

Der Schriftsteller und Philosoph Johann Gottfried Herder (1744–1803) ist einer der großen Anreger der deutschen Geistesgeschichte. Mit seinen Ideen gewann er großen Einfluß auf den jungen Goethe, den er 1770 in Straßburg kennenlernte. Herder wurde u. a. bekannt durch die Werke »Über die neuere deutsche Literatur«, »Ursprung der Sprache« und »Stimmen der Völker in Liedern«.

(J. 1571 –
Sch. 73 – AKS 434)
20 Mark (S)
1979
Rand: * 20 MARK (3 ×)
∅ 33 mm
VZ / ST 190,– / PP 350,–
s. a. Nr. 14 und 82

319 Gotthold Ephraim Lessing – 250. Geburtstag

Der Dichter Gotthold Ephraim Lessing (1729–1781) war einer der bedeutendsten Vertreter der deutschen Aufklärung; mit den Mitteln der Vernunft erstrebte er die Läuterung der christlichen Glaubenswelt und eine sittlich-humane »Erziehung des Menschengeschlechts« zur Toleranz. Das Münzbild zeigt eine Darstellung aus »Nathan der Weise« mit Saladin, Nathan und dem Tempelherrn.

(J. 1573 –
Sch. 74 – AKS 435)
20 Mark (Neusilber)
1979, Mz. A
Rand: * 20 MARK (4 ×)
∅ 33 mm
VZ / ST 25,–
s. a. Nr. 262, 263,
290 und 311

320 30 Jahre DDR

Der in der sowjetisch besetzten Zone 1948 sich selbst erklärte »Deutsche Volksrat« arbeitete eine Verfassung für die künftige DDR aus. Der im Mai 1949 gebildete »Dritte Volksrat« konstituierte sich am 7. 10. 1949 als »Provisorische Volkskammer« und rief die »Deutsche Demokratische Republik« aus. Wenige Tage später wurde der erste Präsident der DDR, Wilhelm Pieck, gewählt.

(J. 1575–
Sch. 77 – AKS 436)
20 Mark (S)
1980
Rand: * 20 MARK (3 ×)
Ø 33 mm
VZ / ST 170,– / PP 300,–
s. a. Nr. 110

321 Ernst Abbe – 75. Todestag

Der Physiker und Sozialpolitiker Ernst Abbe (1840–1905) war von 1870 bis 1896 Professor in Jena. Als Leiter der optischen Werke Zeiss in Jena machte er die Firma marktführend. Nach dem Tod von Carl Zeiss gründete Abbe die sozial vorbildliche Carl-Zeiss-Stiftung, die auch zur alleinigen Inhaberin der Werke wurde.

(J. 1579–
Sch. 79 – AKS 437)
20 Mark (S)
1981
Rand: * 20 MARK (3 ×)
Ø 33 mm
VZ / ST 175,– / PP 390,–
s. a. Nr. 27 und 83

322 Freiherr vom Stein – 150. Todestag

Carl Reichsfreiherr vom Stein (1757–1831) verfügte 1807 als leitender Minister Preußens die Bauernbefreiung und 1808 die Städteordnung. Vor Vollendung seiner Reformen wurde er von Napoleon geächtet und aus dem preußischen Dienst entlassen. Als Berater des Zaren Alexander vermittelte er 1812 das preußisch-russische Bündnis und wurde einer der treibenden Kräfte der Befreiungskriege. Am Wiener Kongreß nahm er als Berater Rußlands teil.

(J. 1587–
Sch. 85 – AKS 438)
20 Mark (S)
1982
Rand: * 20 MARK (3 ×)
∅ 33 mm
VZ / ST 175,– / PP 360,–

323 Clara Zetkin – 125. Geburtstag

Die kommunistische Politikerin Clara Zetkin (1857–1933) war in der sozialistischen Frauenbewegung führend und von 1920 bis 1933 Mitglied des Reichstages. Viele ihrer Schriften zur Frauenfrage, zu pädagogischen Fragen und Problemen des Proletariats wurden veröffentlicht. 1933 emigrierte sie nach Moskau. Kurz danach starb sie in Gorki.

(J. 1591–
Sch. 91 – AKS 439)
20 Mark (S)
1983
Rand: * 20 MARK (3 ×)
∅ 33 mm
VZ / ST 880,– / PP 980,–
s. a. Nr. 30, 87, 222, 224,
225, 242, 243 und 331

324 Martin Luther – 500. Geburtstag

Fortsetzung von Nr. 87
Luther verbrannte die päpstliche Bulle, die ihm den Bann androhte. Auf dem Reichstag zu Worms lehnte er den Widerruf seiner Lehre ab und verfiel der Reichsacht. Kurfürst Friedrich der Weise von Sachsen gewährte ihm Schutz und Asyl auf der Wartburg. Hier schuf Martin Luther sein sprachliches Meisterwerk, die Übersetzung des Neuen Testamentes. Mit ihr trug er entscheidend zur Entwicklung einer gemeindeutschen »hochdeutschen« Schriftsprache bei.

(J. 1592 –
Sch. 92 – AKS 440)
20 Mark (Neusilber)
1983, Mz. A
Rand: * 20 MARK (4 ×)
∅ 33 mm
VZ / ST 25,– / PP 260,–
s. a. Nr. 86, 303 und 305

325 Karl Marx – 100. Todestag

Karl Marx (1818–1883), in Trier geboren, studierte Rechtswissenschaft, Geschichte und Philosophie. 1843 emigrierte er nach Paris, 1845 dort ausgewiesen lernte er in Brüssel Friedrich Engels kennen. Mit ihm veröffentlichte er 1848 das »Kommunistische Manifest«. Die von ihm in London begründete »Internationale« leitete er von 1866 bis 1872. Sein Hauptwerk »Das Kapital« blieb bis zu seinem Tod unvollendet; der letzte der drei Bände wurde von Engels herausgegeben.

(J. 1592 –
Sch. 92 – AKS 440)
20 Mark (Neusilber)
1983, Mz. A
Rand: * 20 MARK (4 ×)
∅ 33 mm
VZ / ST 25,– / PP 260,–
s. a. Nr. 86, 303 und 305

326 Georg Friedrich Händel – 225. Todestag

Georg Friedrich Händel (1685–1759) war neben Bach der bedeutendste deutsche Komponist der Barockzeit. Sein Stil ähnelt dem italienischen Barock: festlich-prunkvoll. Bis 1741 schrieb er 42 Opern, dann nahezu ausschließlich Oratorien (v. a. »Messias«). Händel komponierte auch Kammermusik und Orchesterwerke (z. B. »Wassermusik«, »Feuerwerksmusik«) sowie Orgelkonzerte.

(J. 1605 –
Sch. 101 – AKS 442)
20 Mark (S)
1985, Mz. A
Rand: * 20 MARK (3 ×)
∅ 33 mm
VZ / ST 170,– / PP 360,–

327 Ernst Moritz Arndt – 125. Todestag

Der Dichter und Politiker Ernst Moritz Arndt (1769–1860) kämpfte als Verfasser zahlreicher politischer Schriften und Lieder für die nationale Einheit. Durch seine »Lieder für Teutsche« wurde er einer der bedeutendsten Freiheitsdichter. Arndt war Mitglied der deutschen Nationalversammlung (1848/49) und nahm als glühender Patriot an den Befreiungskriegen teil.

(J. 1607 –
Sch. 107 – AKS 443)
20 Mark (S)
1986, Mz. A
Rand: * 20 MARK (3 ×)
∅ 33 mm
VZ / ST 370,– / PP 640,–

328 Jacob und Wilhelm Grimm – 200. Geburtstag

Die Brüder Jacob und Wilhelm Grimm wurden besonders durch die Sammlungen »Kinder- und Hausmärchen« und »Deutsche Sagen« bekannt. Die Hauptwerke von Jacob Grimm sind »Deutsche Grammatik« und »Deutsche Mythologie«. Wilhelm Grimm schrieb zahlreiche mittelhochdeutsche Dichtungen. Ihm ist vor allem die Bearbeitung der Märchen zu verdanken. In Zusammenarbeit haben die Brüder Grimm 1852 das »Deutsche Wörterbuch« begonnen, das aber erst 1961 fertiggestellt wurde.

(J. 1617 –
Sch. 117 – AKS 444)
20 Mark (S)
1987, Mz. A
Rand: * 20 MARK (3 ×)
∅ 33 mm
VZ / ST 680,– / PP 3700,–
s. a. Nr. 235

329 750 Jahre Berlin – Historisches Stadtsiegel

Die beiden Schwestergemeinden Cölln und Berlin fanden 1237 und 1244 erstmals urkundliche Erwähnung. Die Handelsstadt Cölln-Berlin – mit dem Zusammenwachsen setzt sich der Name Berlin immer stärker durch – profitierte von dem mehrfachen Wechsel der Landeshoheit und ließ sich von den Kaisern umfangreiche Privilegien bestätigen. So erhielt Berlin 1251 die Stadtrechte. Das auf der Münze abgebildete historische Stadtsiegel stammt aus der Zeit um 1280.

(J. 1621 –
Sch. 122 – AKS 445)
20 Mark (S)
1988, Mz. A
Rand: * 20 MARK (3 ×)
∅ 33 mm
VZ / ST 235,– / PP 490,–
s. a. Nr. 110 und 321

330 Carl Zeiss – 100. Todestag

Der Optiker und Feinmechaniker Carl Zeiss (1816–1888) begründete 1846 in Jena eine optische Werkstatt, aus der die Zeiss-Werke entstanden. 1889 wurde das Lebenswerk von Zeiss nach seinem Tode in die Carl-Zeiss-Stiftung umgewandelt. Dank Ernst Abbe wurde das Unternehmen zum Marktführer der Branche.

(J. 1624 –
Sch. 126 AKS 446)
20 Mark (S)
1989, Mz. A
Rand: * 20 MARK (3 ×)
∅ 33 mm
VZ / ST 235,– / PP 550,–
s. a. Nr. 242 und 243

331 Thomas Müntzer – 500. Geburtstag

Der Theologe und Augustinermönch Thomas Müntzer (1489–1525) war anfangs Anhänger Luthers, entwickelte aber als Prediger Ideen, die stark von Luthers Ansichten abwichen. Dadurch entstand ein scharfer Gegensatz zwischen beiden. Als geistlicher Anführer eines Bauernheeres, das er in Mühlhausen um sich sammelte, wurde er besiegt und nach Folterungen hingerichtet.

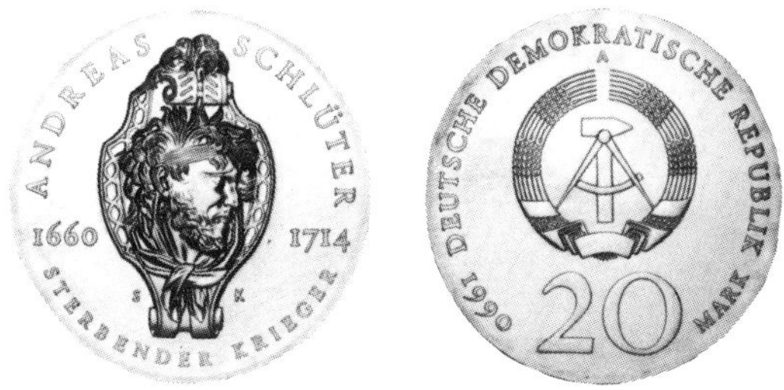

(J. 1634 –
Sch. 136 – AKS 447)
20 Mark (S)
1990, Mz. A
Rand: * 20 MARK (3 ×)
∅ 33 mm
VZ / ST 235,– / PP 570,–
s. a. Nr. 245

332 Andreas Schlüter – 275. Todestag

Der Baumeister und Bildhauer Andreas Schlüter (1660–1714) entwickelte einen eigenen, norddeutschen, klassizistisch-barocken Baustil. Er baute unter anderem Teile des Berliner Schlosses und das Zeughaus Berlin. Seine 22 Masken sterbender Krieger am Zeughaus zeigen den Ausdruck kraftvoller Genialität. Eine dieser Masken ist auf der Münze dargestellt.

a. (Neusilber = J. 1635 – Sch. 137– AKS 448 a)
b. (Silber = J. 1635 – Sch. 138 – AKS 448 b)
Ø 33 mm
Mz. A
Rand:
a. * 20 MARK (4 ×)
b. * 20 MARK (3 ×)
a. 20 Mark (Neusilber)
VZ / ST 35,–
b. 20 Mark (Silber)
VZ / ST 95,– / PP 540,–
s. a. Nr. 116 und 206

333 22. Dezember 1989 – Berlin (Öffnung des Brandenburger Tors)

Das Brandenburger Tor galt 40 Jahre nach dem Zweiten Weltkrieg als Symbol der Trennung. Heute ist es das Symbol für Einheit, Frieden und Freiheit. Die Öffnung des Brandenburger Tores am 22. 12. 1989 erlebte die ganze Welt als einen fundamentalen Schritt zu einer spürbaren Entspannung zwischen Ost und West. Es läßt sich heute noch gar nicht abschätzen, welch große historische Bedeutung die »Wende« für unsere Nachkommen haben wird.

(Y. 69 – Sch. 47)
2 Schilling (S)
1928
Rand: Kerben
∅ 29 mm
VZ 25,– / ST 40,–
s. a. Nr. 500

401 Franz Schubert – 100. Todestag

Der Komponist Franz Schubert (1797–1828) bevorzugte anfangs die kleineren Musikformen, schrieb aber auch die größeren Instrumentalkompositionen meisterhaft. Selbst als Sinfoniekomponist kam er seinem großen Vorbild Beethoven näher als einer seiner Zeitgenossen und Nachfolger. Schubert schrieb 9 Sinfonien, 9 Opern, 5 Operetten, 9 Ouvertüren (u. a. zu »Rosamunde«), 5 Messen, ca. 600 Lieder und viele andere Werke.

(Y. 70 – Sch. 48)
2 Schilling (S)
1929
Rand: Kerben
∅ 29 mm
VZ 50,– / ST 75,–

402 Theodor Billroth – 100. Geburtstag

Dr. Theodor Billroth (1829–1894) war einer der vielseitigsten Chirurgen seiner Zeit und wurde durch seine Methoden bei Magen- und Kehlkopfoperationen berühmt. Eine von ihm entwickelte Mischnarkose aus Äther und Chloroform wandte er erfolgreich an. Er erfand einen wasserdichten Verbandstoff (Billrothbatist) und gab der Pathologie durch Einbeziehung anatomischer und histologischer Erkenntnisse bedeutende Antriebe.

(Y. 71 – Sch. 49)
2 Schilling (S)
1930
Rand: Kerben
∅ 29 mm
VZ 25,– / ST 35,–
s. a. Nr. 23 und 80

403 Walther von der Vogelweide – 700. Todestag

Der Minnesänger Walther von der Vogelweide (1170–1230) schrieb religiöse Lyrik (»Marienleich«, Kreuzzugslieder) und politische Gedichte (»Reichssprüche«, »Kaisersprüche« und »Papstsprüche«). Am stärksten wirkten seine Liebeslieder, die erfüllt sind von seelischer Anmut, Sinnenfreude und Naturerleben.

(Y. 72 – Sch. 50)
2 Schilling (S)
1931
Rand: Kerben
∅ 29 mm
VZ 80,– / ST 100,–
s. a. Nr. 452, 532, 533, 702 und 732

404 Wolfgang Amadeus Mozart – 175. Geburtstag

Wolfgang Amadeus Mozart (1756–1791) erregte schon mit 6 Jahren als Klaviervirtuose in München und Wien größtes Aufsehen. Mozart schrieb 21 Opern, 40 Sinfonien, 43 Konzerte, 7 Streichquintette, 30 Streichquartette, -trios und -duette, 42 Violinsonaten, 17 Klaviersonaten und viele andere Werke. Richard Wagner bemerkte zu Mozarts Werken: »Seinen Instrumenten hauchte er den sehnsuchtsvollen Atem der menschlichen Sinne ein. Den unversiegbaren Strom reicher Harmonie leitete er in das Herz der Melodie . . .«.

(Y. 73 – Sch. 51)
2 Schilling (S)
1932
Rand: Kerben
Ø 29 mm
VZ 250,– / ST 320,–
s. a. Nr. 422

405 Joseph Haydn – 200. Geburtstag

Der Komponist Joseph Haydn (1732–1809) war von 1760 bis 1790 Kapellmeister des Fürsten Esterházy in Eisenstadt. In dieser Zeit schrieb er die meisten seiner Werke: 182 Sinfonien und Konzerte, 77 Streichquartette, 38 Trios für Klavier, 30 für Streicher, 33 Sonaten, 14 Messen, 24 Opern und 36 Lieder. 1799 wurde sein erfolgreichstes Werk, das Oratorium »Die Schöpfung«, in Wien uraufgeführt, ein Jahr später die »Jahreszeiten«.

(Y. 74 – Sch. 52)
2 Schilling (S)
o. J. (1933)
Rand: Kerben
Ø 29 mm
VZ 110,– / ST 150,–

406 Dr. Ignaz Karl Seipel – 1. Todestag

Ignaz Karl Seipel (1876–1932) wurde 1899 zum Priester geweiht und promovierte 1903 zum Doktor der Theologie. 1909 wurde er zum ordentlichen Professor für Moraltheologie an der Universität Salzburg ernannt. 1917 wurde er zum Vorsitzenden der Christlichen Sozialen Partei gewählt (bis 1930). 1922 erreichte er die Gewährung einer Völkerbundanleihe und sanierte damit den österreichischen Staatshaushalt. Von 1922 bis 1924 und von 1926 bis 1929 war Dr. Seipel österreichischer Bundeskanzler.

(Y. 75 – Sch. 59)
2 Schilling (S)
1934
Rand: Kerben
Ø 29 mm
VZ 50,– / ST 75,–

407 Dr. Engelbert Dollfuß – zum Todestag

Dr. Engelbert Dollfuß (1892–1934) war von 1932 bis 1934 christlich-sozialer Bundeskanzler von Österreich. 1933 versuchte er einen christlichen Ständestaat mit autoritärer Führung zu errichten. Er verbot 1933 die kommunistische und national-sozialistische Partei. Nach Einführung der neuen Verfassung am 1. 5. 1934 kam es zu einem national-sozialistischen Putsch, bei dem Dollfuß im Bundeskanzleramt erschossen wurde.

(Y. 76 – Sch. 60)
2 Schilling (S)
1935
Rand: Kerben
Ø 29 mm
VZ 65,– / ST 90,–

408 Dr. Karl Lueger – 25. Todestag

Der Jurist Dr. Karl Lueger (1844–1910) wurde 1885 ins Abgeordnetenhaus gewählt. Als Gründer der Christlich-Sozialen Partei wurde er 1888 zum Vorsitzenden berufen. Er gilt als Wegbereiter demokratischen Geistes und war von den bisher herrschenden Liberalen als Gegner gefürchtet. Von 1897 bis zu seinem Tod im Jahr 1910 war er erfolgreicher Bürgermeister von Wien.

(Y. 77 – Sch. 61)
2 Schilling (S)
1936
Rand: Kerben
∅ 29 mm
VZ 40,– / ST 55,–
s. a. Nr. 459 und 625

409 Prinz Eugen von Savoyen – 200. Todestag

Prinz Eugen von Savoyen (1663–1736) war das größte militärische Genie seiner Zeit; er hatte mit seinen Siegen über Türken und Franzosen die Großmachtstellung Österreichs befestigt und maßgebenden Einfluß auf die Weltgeschichte genommen. Friedrich der Große und Napoleon sahen in ihm ihr Vorbild.

(Y. 78 – Sch. 62)
2 Schilling (S)
1937
Rand: Kerben
∅ 29 mm
VZ 40,– / ST 55,–
s. a. Nr. 464

410 J. B. Fischer von Erlach – 200 Jahre Karlskirche

Der große österreichische Architekt Johann Bernhard Fischer von Erlach (1656–1723) schuf in Österreich bedeutende Bauten. Sein berühmtestes Werk ist die Karlskirche in Wien, deren Bau 1716 im Auftrag von Karl VI. begonnen und 1737 fertiggestellt wurde. Er schuf die Kollegienkirche in Salzburg, das Winterpalais des Prinzen Eugen, die Nationalbibliothek in Wien und zahlreiche Adelspaläste in Wien und Prag.

(Y. 79 – Sch. 56)
5 Schilling (S)
1934, 1935, 1936
Rand: Wert und drei Sterne
∅ 31 mm
VZ 70,– / ST 95,–
s. a. Nr. 453, 561 und 611

411 Magna Mater Austriae – Madonna von Mariazell

Mariazell ist der bedeutendste Wallfahrtsort Österreichs. Die gotisch-barocke Gnadenbasilika wurde in den Jahren 1644–1683 erbaut, und zwar an der Stelle der alten Kirche, die im 14. Jahrhundert von Ludwig I., König von Ungarn, errichtet wurde. In der von J. B. Fischer von Erlach erbauten Gnadenkapelle steht auf silbernem Altar das vielverehrte Marienbild aus dem 13. Jh.

(Y. 165 – Sch. 147)
20 Schilling (Al-N-Bro)
1980, 1981, 1991, 1992
Rand: Punkte
∅ 27,7 mm
VZ / ST 3,50 / PP 10,–

421 Die neun Bundesländer Österreichs

Die neun Bundesländer Österreichs sind seit 1919: Burgenland (3965 qkm), Kärnten (9533 qkm), Niederösterreich (19170 qkm), Oberösterreich (11978 qkm), Steiermark (16384 qkm), Salzburg (7155 qkm), Tirol (12648 qkm), Vorarlberg (2601 qkm) und Wien (415 qkm).

(Y. 171 – Sch. 154)
20 Schilling (Al-N-Bro)
1982, 1991, 1992
Rand: Punkte
∅ 27,7 mm
VZ / ST 3,50 / PP 10,–
s. a. Nr. 405

422 Joseph Haydn – 250. Geburtstag / Burgenland

Als Vertreter für das Burgenland wurde zu dieser Münze das Porträt von Joseph Haydn ausgewählt, und zwar anläßlich seines 250. Geburtstages. J. Haydn (1732–1809) war dreißig Jahre lang Kapellmeister des Fürsten Esterhazy in Eisenstadt. In dieser Zeit brachte er die Sonatenform zu ihrer höchsten Vollendung und wurde so zum eigentlichen Begründer der Wiener Klassik

(Y. 175 – Sch. 157)
20 Schilling (Al-N-Bro)
1983, 1991, 1992
Rand: Punkte
∅ 27,7 mm
VZ / ST 3,50 / PP 10,–

423 Kärnten – Burg Hochosterwitz

Östlich von St. Veit in Kärnten liegt auf einem Kreidefelsen die mächtige Burg Hochosterwitz. Die Burg, im Jahr 860 erstmals urkundlich erwähnt, fiel nach wechselvoller Geschichte an das Geschlecht der Khevenhüller. Georg Freiherr von Khevenhüller (1534–1587) erwarb die Burg käuflich. Er ließ sie wegen der drohenden Türkeneinfälle ausbauen und 14 Tore in einer gewaltigen Mauer errichten. Die Burg wurde nie von Feinden eingenommen und ist bis heute im Besitz der Khevenhüller.

(Y. 181 – Sch. 162)
20 Schilling (Al-N-Bro)
1984, 1991, 1992
Rand: Punkte
∅ 27,7 mm
VZ / ST 3,50 – PP 10,–

424 Niederösterreich – Schloß Grafenegg

Niederösterreich wird auf dieser Münze vom Schloß Grafenegg vertreten. Urkundlich erwähnt wurde das Schloß schon 1294. Das Renaissance-Tor im Treppenhäuschen (zum Hof) stammt aus dem Jahr 1533. Das Schloß wurde 1645 von den Schweden erstürmt, danach Umbau unter Johann Baptist von Verdenberg. Der West- und Nordflügel wurde 1840–1873 von Leopold Ernst in englischer Schlössergotik neu gestaltet. Von Mai bis Oktober finden hier regelmäßig Schloßkonzerte statt.

(Y. 186 – Sch. 167)
20 Schilling (Al-N-Bro)
1985, 1991, 1992
Rand: Punkte
∅ 27,7 mm
VZ / ST 3,50 / PP 10,–

425 Oberösterreich – 200 Jahre Diözese Linz

Als am 13. 3. 1783 der Passauer Kardinal Leopold Ernst Graf von Firmian starb, ließ Kaiser Joseph II. sofort die Bistümer Linz und St. Pölten errichten, ohne die Zustimmung des Papstes einzuholen. Der Kaiser ernannte Ernest Johann N. Reichsgraf von Herberstein zum »Bischof von Linz und ganz Oberösterreich«. Damit entzog er der Diözese Passau alle Rechte für dieses Gebiet. Die päpstliche Errichtungsurkunde für das neue Bistum wurde dann am 28. 1. 1785 ausgestellt.

(Y. 194 – Sch. 172)
20 Schilling (Al-N-Bro)
1986, 1991, 1992
Rand: Punkte
∅ 27,7 mm
VZ / ST 3,50 / PP 10,–

426 Steiermark – 800 Jahre Georgenberger Handfeste

In der Georgenberger Handfeste bestimmte Otokar IV. im Jahr 1186 den Babenberger Leopold V. zum Erben des Herzogtums Steiermark. In dieser ersten Verfassungsurkunde des Landes wurden Eigenständigkeit und Zugehörigkeit des Herzogtums Stiria (Steier) zu Österreich besiegelt.

(Y. – – Sch. 177)
20 Schilling (Al-N-Bro)
1987, 1991, 1992
Rand: Punkte
∅ 27,7 mm
VZ / ST 3,50 / PP 10,–
s. a. Nr. 410

427 Salzburg – Erzbischof Johann Ernst Graf Thun 300. Jahrestag des Regierungsantritts

Unter Erzbischof Johann Ernst Graf Thun-Hohenstein (1687–1709) und durch das Wirken des berühmten Baumeisters J. B. Fischer von Erlach entstanden in Salzburg zahlreiche barocke Bauwerke, die noch heute den Charakter der Stadt prägen. Erwähnt seien die Kollegien-, Dreifaltigkeits- und Kajetanerkirche. Die Münze zeigt das Wahlsiegel des Erzbischofs.

(Y. – – Sch. 184)
20 Schilling (Al-N-Bro)
1989, 1991, 1992
Rand: Punkte
∅ 27,7 mm
VZ / ST 3,50 / PP 10,–
s. a. Nr. 488 und 535

428 Tirol – Gefürstete Grafschaft

Kaiser Maximilian I. vereinigte 1500 das Pustertal und Lienz wieder mit Tirol. 1511 wurden dann auch die Bistumsgebiete von Brixen und Trient der Verwaltung Tirols unterstellt, das nun den Titel »Gefürstete Grafschaft von Tirol« erhielt. Die Münze zeigt den Tiroler Adler mit »Ehrenkränzl« nach den Vorderseiten der Tiroler Kreuzer-Prägungen von 1809 (1 Kreuzer und 20 Kreuzer).

(Y. – – Sch. 191)
20 Schilling (Al-N-Bro)
1990–1992
Rand: Punkte
∅ 27,7 mm
VZ / ST 3,50 / PP 10,–

429 Vorarlberg – Martinsturm in Bregenz

Der Martinsturm in Bregenz entstand im 14. Jahrhundert. Der Aufbau mit äußerem Treppenaufgang dürfte jedoch von 1599–1602 sein und der mächtige Kuppelaufsatz wahrscheinlich erst dem Jahr 1701 angehören. Die Mauerstärken lassen auf die Funktion eines Speicherturmes schließen, der im Obergeschoß die Schloßkapelle mit schönen Fresken beherbergt. Die Fresken sind z. T. datiert (mit 1362).

(Y. – – Sch. 192)
20 Schilling (Al-N-Bro)
1991–1992
Rand: Punkte
∅ 27,7 mm
VZ / ST 3,50 / PP 10,–
s. a. Nr. 451, 460 und 518

430 Wien – Franz Grillparzer – Burgtheater

Wien wird in dieser Münzserie von Österreichs bedeutendstem Dichter – Franz Grillparzer – und dem Burgtheater repräsentiert. Die Werke Grillparzers wurden u. a. von der Weimarer Klassik, der Romantik von Shakespeare, Lope de Vega und Calderón beeinflußt. Das neue Burgtheater in Wien entstand in den Jahren 1874 bis 1888 nach Plänen von Semper und Hasenauer. Die »Burg« ist Träger der ältesten, auf Joseph II. zurückgehenden Tradition eines deutschen »Nationaltheaters«.

(Y. 96 – Sch. 73)
25 Schilling (S)
1955
∅ 30 mm
VZ / ST 35,– / PP 170,–

∗ F U E N F U N D Z W A N Z I G   S C H I L L I N G ∗

451 Wiedereröffnung der Bundestheater 1955

Die Wiedereröffnung der Bundestheater, das sind das Burgtheater und die Oper in Wien, erfolgte 1955. Das Burgtheater besteht seit 1741; es wurde im 19. Jahrhundert die führende Bühne der deutschen Sprachwelt. Die k.k. Hofoper wurde in den Jahren 1861–1869 erbaut und 1918 in Staatsoper umbenannt. Sie wurde wie das Burgtheater im Zweiten Weltkrieg zerstört und bis 1955 wiederaufgebaut.

(Y. 97 – Sch. 74)
25 Schilling (S)
(1956)
∅ 30 mm
VZ / ST 13,– / PP 650,–
s. a. Nr. 404, 532, 533,
702 und 732

| ✱ F U E N F U N D Z W A N Z I G S C H I L L I N G ✱ |

452 Wolfgang Amadeus Mozart 1756–1956

Wolfgang Amadeus Mozart komponierte bereits als Fünfjähriger seine ersten Klavierstücke. Ein Jahr später unternahm er mit Vater und Schwester seine ersten Konzertreisen an die Höfe in München und Wien. Als Dreizehnjähriger wurde er zum Hofkonzertmeister in Salzburg ernannt. Seine künstlerische Bilanz weist 626 Werke (nach Köchel) aller musikalischen Stile und Gattungen aus: vokale und instrumentale, geistliche und weltliche Musik. Haydn sagte 1785 zu Leopold Mozart: »Ihr Sohn ist der größte Komponist, den ich von Person und den Namen nach kenne ...«

(Y. 98 – Sch. 75)
25 Schilling (S)
(1957)
∅ 30 mm
VZ / ST 8,– / PP 600,–
s. a. Nr. 411, 561 und 611

| ✱ F U E N F U N D Z W A N Z I G S C H I L L I N G ✱ |

453 Mariazell 1157–1957

Die Stadt Mariazell liegt in der nördlichen Steiermark an der Salza. Die gotisch-barocke Basilika wurde in den Jahren 1644–1683 erbaut, und zwar an Stelle der alten, die 1380–1396 von Ludwig I., König von Ungarn, errichtet wurde. Die berühmte Wallfahrtskirche hat drei Türme, von denen der gotische Turm vom Bau König Ludwigs erhalten blieb.

(Y. 100 – Sch. 80)
25 Schilling (S)
1958
∅ 30 mm
VZ / ST 8,– / PP 2700,–

| ✱ F U E N F U N D Z W A N Z I G S C H I L L I N G ✱ |

454 Carl Auer v. Welsbach – 100. Geburtstag

Carl Auer von Welsbach (1858–1929) erfand den Gasglühstrumpf aus feuerfesten Metalloxyden (Auerlicht) und die Osmium-Metallfadenlampe, welche die bis dahin übliche Kohlenfadenlampe verdrängte. Er entdeckte auch verschiedene ›Seltene Erden‹ (Ordnungszahl 58, 59, 60 und 71). Aus einer Legierung von Zer und Eisen entstand das Auermetall, das z. B. für Feuersteine in Feuerzeugen verwendet wird.

(Y. 102 – Sch. 82)
25 Schilling (S)
1959
∅ 30 mm
VZ / ST 13,– / PP 550,–

| ✱ F U E N F U N D Z W A N Z I G S C H I L L I N G ✱ |

455 Erzherzog Johann – 100. Todestag

Erzherzog Johann (1782–1859) war der Sohn von Kaiser Leopold II. Die Popularität des Erzherzogs stieg in Österreich und Deutschland im gleichen Grad wie der Haß gegen Metternich und sein System. Er verdiente sich diese Zuneigung durch seine gemeinnützigen Unternehmungen, durch das Menschliche seines Wesens und seine Neigung zum Volkstümlichen. Auf der Frankfurter Reichsversammlung von 1848 wurde er zum Reichsverweser Deutschlands ernannt.

(Y. 105 – Sch. 83)
25 Schilling (S)
1960
∅ 30 mm
VZ / ST 14,– / PP 650,–
s. a. Nr. 519

* F U E N F U N D Z W A N Z I G   S C H I L L I N G *

456 40 Jahre Kärntner Volksabstimmung 1920–1960

Nach dem Zusammenbruch der Mittelmächte im Herbst 1918 begannen die Völker der österreichisch-ungarischen Monarchie, Nationalstaaten zu errichten. Der Friedensvertrag von Saint Germain bestimmte, daß in Kärnten eine Volksabstimmung abgehalten werden sollte, weil das Land teils von österreichischen, teils von südslawischen Truppen besetzt gehalten wurde. Diese Volksabstimmung entschied am 10. 10. 1920, daß der größte Teil Kärntens Österreich zugeordnet wurde.

(Y. 107 – Sch. 84)
25 Schilling (S)
1961
∅ 30 mm
VZ / ST 18,– / PP 450,–
s. a. Nr. 456

* F U E N F U N D Z W A N Z I G   S C H I L L I N G *

457 40 Jahre Burgenland 1921–1961

Durch die Grenzziehung des Staatsvertrages von Saint Germain wurden nach dem Ersten Weltkrieg auch Gebietsteile Westungarns Österreich angegliedert, die unter der Bezeichnung »Burgenland« als ein selbständiges Land des Bundes erklärt wurden. Auf eine zuerst vorgesehene Volksabstimmung wurde verzichtet. Die auf der Münze dargestellte Haydnkirche ist die bekannte Wallfahrtskirche »Maria Heimsuchung« in Oberberg-Eisenstadt.

(Y. 108 – Sch. 85)
25 Schilling (S)
1962
∅ 30 mm
VZ / ST 10,– / PP 450,–

* F U E N F U N D Z W A N Z I G S C H I L L I N G *

458 Anton Bruckner

Der Komponist Anton Bruckner (1824–1896) gehört zu den bedeutendsten Sinfonikern. Seine Instrumentalmusik zeichnet sich durch ungewöhnliche Vielseitigkeit aus, welche den Einfluß Richard Wagners sowie das Streben, den Stil dieses Meisters für die »absolute Musik« zu verwerten, deutlich erkennen läßt. Unter seinen Kompositionen sind neben einer Studiensinfonie in d-Moll, die sogenannte »Nullte«, neun weitere Sinfonien hervorzuheben sowie die geistlichen Chor- und Orgelwerke.

(Y. 109 – Sch. 86)
25 Schilling (S)
1963
∅ 30 mm
VZ / ST 12,– / PP 180,–
s. a. Nr. 409 und 625

* F U E N F U N D Z W A N Z I G S C H I L L I N G *

459 Prinz Eugen von Savoyen – 300. Geburtstag

Eugen, Prinz von Savoyen (1663–1736), bekannt als »Prinz Eugen« und »edler Ritter« war österreichischer Feldmarschall und Staatsmann. Im Kampf gegen die Türken errang er mehrere große Erfolge, und im Spanischen Erbfolgekrieg siegte er gegen die Franzosen. Nicht nur als Feldherr, auch als Staatsmann zeigte er sich erfolgreich. Außerdem war der hochgebildete und philosophisch interessierte Prinz ein großzügiger Förderer von Kunst und Wissenschaft.

(Y. 112 – Sch. 89)
25 Schilling (S)
1964
∅ 30 mm
VZ / ST 13,– / PP 22,–
s. a. 430

∗ F U E N F U N D Z W A N Z I G S C H I L L I N G ∗

460 Franz Grillparzer

Franz Grillparzer (1791–1872) war Österreichs bedeutendster Dichter. Als Hoftheaterdichter in Wien hatte er eine Vorliebe für die spanischen Dramatiker. Erst spät wurde er als genialer Schriftsteller erkannt und geehrt. So wurde er 1846 zum Ehrenbürger der Stadt Wien, 1847 zum Mitglied der kaiserlichen Akademie der Wissenschaften, 1859 von der Universität Leipzig zum Ehrendoktor und 1861 zum lebenslänglichen Mitglied des österreichischen Herrenhauses ernannt.

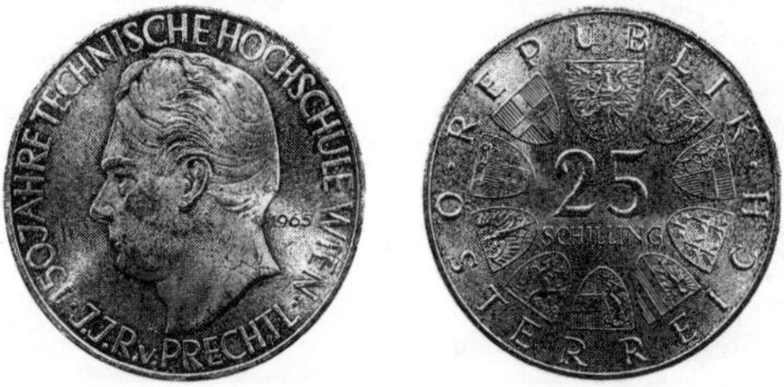

(Y. 113 – Sch. 91)
25 Schilling (S)
1965
∅ 30 mm
VZ / ST 13,– / PP 45,–

∗ F U E N F U N D Z W A N Z I G S C H I L L I N G ∗

461 150 Jahre Technische Hochschule Wien – J. J. R. v. Prechtl

Johann Joseph Ritter von Prechtl (1778–1854) übernahm 1810 die Lehrfächer Physik und Chemie an der Realschule in Wien und wurde 1815 Direktor der von ihm organisierten Technischen Hochschule in Wien, welche er bis 1854 leitete. Unter seinen publizistischen Arbeiten sind vor allem die »Technische Enzyklopädie« und die »Jahrbücher des polytechnischen Instituts« zu nennen.

(Y. 115 – Sch. 93)
25 Schilling (S)
1966
∅ 30 mm
VZ / ST 16,– / PP 120,–

[* F U E N F U N D Z W A N Z I G S C H I L L I N G *]

462 Ferdinand Raimund – 130. Todestag

Dem Schauspieler und Bühnendichter Ferdinand Raimund (1790–1836) gelang es, seinen Bühnenstücken und Märchendramen eine volkstümliche Färbung und eine poetische Bedeutung zu geben, ohne daß darunter die Frische und Fülle des Lebens im mindesten litt. Er verstand es, den frischesten Humor zum Träger eines tiefen Ernstes zu machen. Als Schauspieler zeichnete er sich durch meisterhafte Charakterisierung aus.

(Y. 117 – Sch. 94)
25 Schilling (S)
1967
∅ 30 mm
VZ / ST 13,– / PP 60,–
s. a. Nr. 603 und 734

[* F U E N F U N D Z W A N Z I G S C H I L L I N G *]

463 Maria Theresia – 250. Geburtstag

Die römisch-deutsche Kaiserin Maria Theresia (1717–1780) war gleichzeitig Königin von Ungarn und Erzherzogin von Österreich. Ihre Reformen waren der Grundstein für den modernen österreichischen Gesamtstaat. Sie schaffte die Folter ab, beseitigte die Leibeigenschaft in den Staatsgütern, unterstützte die Gewerbe, gründete Akademien und schuf die Volksschule in Österreich.

(Y. 119 – Sch. 97)
25 Schilling (S)
1968
∅ 30 mm
VZ / ST 25,– / PP 45,–
s. a. Nr. 410

* FUENFUNDZWANZIG SCHILLING *

464 Lukas von Hildebrandt – 300. Geburtstag

Johann Lukas von Hildebrandt (1668–1745) gehört mit Fischer von Erlach zu den bedeutendsten österreichischen Baumeistern des Barocks. Sein bekanntestes Werk ist das Schloß Belvedere (s. Münzabbildung), dann der Palais Daun-Kinsky, St. Peter in Wien und die Hofkirche in Würzburg.

(Y. 121 – Sch. 100)
25 Schilling (S)
1969
∅ 30 mm
VZ / ST 16,– / PP 45,–

* FUENFUNDZWANZIG SCHILLING *

465 Peter Rosegger

Der österreichische Volksdichter Peter Rosegger (1843–1918) begann seine schriftstellerische Tätigkeit 1869 mit Gedichten, Geschichten, Schwänken und Erzählungen in obersteirischer Mundart. Neben vielen anderen Werken schrieb er als Bühnendichter »Am Tage des Gerichts« und die Biographie »Als ich noch der Waldbauernbub war«.

(Y. 123 – Sch. 101)
25 Schilling (S)
1970
∅ 30 mm
VZ / ST 10,– / PP 15,–

* F U E N F U N D Z W A N Z I G S C H I L L I N G *

466 Franz Lehár – 100. Geburtstag

Franz Lehár (1870–1948) besuchte in Prag das Konservatorium, wo ihn Anton Dvořak ermutigte, Komponist zu werden. Ausschlaggebend für sein Werk wurde das slawische Element. Lehár hat es verstanden, die Operette neu zu beleben, als man sie schon totgesagt hatte. Seine Melodien u. a. aus »Die lustige Witwe«, »Der Graf von Luxemburg«, »Paganini«, »Der Zarewitsch« und »Das Land des Lächelns« sind weltberühmt.

(Y. 126 – Sch. 104)
25 Schilling (S)
1971
∅ 30 mm
VZ / ST 10,– / PP 12,–

* F U E N F U N D Z W A N Z I G S C H I L L I N G *

467 200 Jahre Wiener Börse 1771–1971

In der Mitte des 18. Jahrhunderts gab es in Österreich für schon vorhandene Obligationen noch keinen geregelten Markt. Durch den unkontrollierten Handel bestand die Gefahr des Kursverfalls und damit die Schädigung des Staatskredits. Aufgrund von Reformplänen Maria Theresias wurde 1771 die Errichtung einer Wertpapierbörse angeordnet. Die Wiener Börse wurde am 1. 9. 1771 eröffnet.

(Y. 128 – Sch. 107)
25 Schilling (S)
1972
Ø 30 mm
VZ / ST 10,– / PP 12,–

* F U E N F U N D Z W A N Z I G S C H I L L I N G *

468 Carl Michael Ziehrer – 50. Todestag

Der Komponist Carl Michael Ziehrer (1843–1922) wurde als Militärkapellmeister auf vielen feierlichen Anlässen gefeiert (u. a. auf der Weltausstellung in Wien, 1873). Als letzter k. k. Hofballdirektor dirigierte er von 1908 bis 1914. Er gilt als der letzte Vertreter der spezifisch »weanarischen« Tanzmusik. Sein Lebenswerk umfaßt 22 Operetten und etwa 600 Tänze und Märsche.

(Y. 131 – Sch. 110)
25 Schilling (S)
1973
Ø 30 mm
VZ / ST 10,– / PP 12,–

* F U E N F U N D Z W A N Z I G S C H I L L I N G *

469 Max Reinhardt – 100. Geburtstag

Max Reinhardt (1873–1943) gewann als Direktor des Deutschen Theaters und der Kammerspiele in Berlin auf das deutsche Bühnenwesen einen bestimmenden Einfluß. Zusammen mit Hofmannsthal gründete er 1920 die Salzburger Festspiele, deren Leiter er wurde. Berühmt sind seine Inszenierungen von Shakespeare-Lustspielen. 1933 emigrierte Reinhardt in die USA und arbeitete dort als Filmregisseur und Schauspiellehrer.

(Y. 101 – Sch. 81)
50 Schilling (S)
1959
∅ 34 mm
VZ / ST 14,– / PP 750,–
s. a. Nr. 428 und 617

FUENFZIG SCHILLING

481 150 Jahre Tiroler Freiheit

Der Tiroler Freiheitsheld Andreas Hofer (1767–1810) schlug 1809 als Führer einer Schützenkompanie die Bayern und Franzosen dreimal am Berg Isel und befreite damit Innsbruck. Daraufhin wurde er zum Oberkommandeur und zeitweilig zum Regenten von Tirol gewählt. Am 14. 10. 1809 wurde im Frieden von Wien Tirol und Vorarlberg dem Feind überlassen. Nun rief Hofer wieder zu den Waffen; aber der Aufstand brach durch die Übermacht des Feindes zusammen. Hofer wurde auf Befehl Napoleons am 20. 2. 1810 in Mantua erschossen.

(Y. 110 – Sch. 87)
50 Schilling (S)
1963
∅ 34 mm
VZ / ST 14,– / PP 300,–

FUENFZIG SCHILLING

482 600 Jahre Tirol – Österreich

Nach der Herrschaft der Ostgoten, Langobarden, Franken und der Bayern vereinigte sich das Gebiet des späteren Tirols im 6. Jahrhundert unter der Herrschaft der Grafen von Tirol. 1363 vererbte Gräfin Margarete Maultasch ihre Herrschaft an die habsburgischen Vettern, was 1364 durch den Kaiser im Vertrag von Brünn bestätigt wurde. Nach dem Ersten Weltkrieg wurde 1919 Südtirol abgetrennt und Italien angegliedert.

(Y. 111 – Sch. 88)
50 Schilling (S)
1964
Ø 34 mm
VZ / ST 14,– / PP 50,–

FUENFZIG SCHILLING

483 IX. Olympische Winterspiele 1964 – Innsbruck

Die IX. Olympischen Winterspiele in Innsbruck fanden vom 29. 1. 1964 bis 9. 2. 1964 statt. Innsbruck gilt unter allen Städten der Welt als Stadt mit dem größten Prozentsatz aktiver Wintersportler. Eine Million Zuschauer kam nach Tirol, um in Innsbruck (Ski- und Eisstadion), in Seefeld (Biathlon), in Igls (Bobbahn) und in der Axamer Lizum (Alpine Wettbewerbe) die Olympischen Spiele zu sehen.

(Y. 114 – Sch. 90)
50 Schilling (S)
1965
Ø 34 mm
VZ / ST 14,– / PP 60,–

FUENFZIG SCHILLING

484 600 Jahre Universität Wien – Rudolf der Stifter

Die Universität Wien wurde im Jahr 1365 von Rudolf IV. (1339–1365) gestiftet. Viele bekannte Persönlichkeiten lehrten an der ältesten und größten Universität im deutschen Sprachraum wie Theodor Billroth, Anton Bruckner, Sigmund Freud und Ignaz Seipel. Unter den früheren Schülern findet man nicht minder berühmte Namen wie Ulrich Zwingli, Moritz von Schwind, Freiherr von Eichendorff, Franz Grillparzer, Hugo von Hoffmannsthal, Nikolaus Lenau, Johann Nestroy, Adalbert Stifter, Stefan Zweig und Karl Renner.

(Y. 116 – Sch. 92)
50 Schilling (S)
1966
∅ 34 mm
VZ / ST 16,– PP 120,–

F U E N F Z I G S C H I L L I N G

485 150 Jahre Österreichische Nationalbank

Erst nach Beendigung der Napoleonischen Kriege konnte man zu einer wirksamen Ordnung des Geldwesens in Österreich schreiten, wobei man davon ausging, daß nur die Schaffung einer privaten Notenbank in Form einer Aktiengesellschaft nach Aufkommen des Papiergeldes das Vertrauen zur Währung wiederherstellen konnte. Am 1. 6. 1816 wurde mit Zustimmung von Kaiser Franz die »Privilegierte österreichische Nationalbank« gegründet, die bis heute die Währungs- und Kreditpolitik regelt.

(Y. 118 – Sch. 95)
50 Schilling (S)
1967
∅ 34 mm
VZ / ST 14,– / PP 120,–
s. a. Nr. 511 und 733

F U E N F Z I G S C H I L L I N G

486 100 Jahre Donauwalzer

Der »Walzerkönig« Johann Strauß (1825–1899) ist der Sohn des gleichnamigen Vaters Johann Strauß, der als Begründer der Wiener Tanzmusik bekannt ist. Zu den bekanntesten Walzern von Johann Strauß Sohn gehört »An der schönen blauen Donau«. 1871 begann er Operetten zu schreiben wie »Die Fledermaus«, »Eine Nacht in Venedig«, »Der Zigeunerbaron« und »Wiener Blut«. Die meisten seiner fast 500 Werke gingen um den Erdball und machten den Wiener Walzer populär.

(Y. 120 – Sch. 96)
50 Schilling (S)
1968
∅ 34 mm
VZ / ST 16,– / PP 45,–
s. a. Nr. 456, 457 und 482

FUENFZIG SCHILLING

487 50 Jahre Republik Österreich

Am Ende des 1. Weltkrieges (Okt. 1918) löste sich das Habsburger Reich auf. Österreich wurde am 12. 11. 1918 Republik, nachdem es im Frieden von Saint-Germain Südtirol, die adriatischen Gebiete sowie Teile von Kärnten und Krain abtreten mußte und von Ungarn das Burgenland erhielt. Nach zweijährigem Provisorium erhielt Österreich 1920 seine endgültige Verfassung.

(Y. 122 – Sch. 99)
50 Schilling (S)
1969
∅ 34 mm
VZ / ST 14,– / PP 45,–
s. a. Nr. 428, 535, 537

FUENFZIG SCHILLING

488 Maximilian I. – 450. Todestag

Maximilian I. (1459–1519) war einer der bedeutendsten Herrscher des Mittelalters. Der mit Billigung des Papstes in Trient »Erwählte Römische Kaiser« war einerseits ein großer Kriegsherr, der »Vater der Landsknechte«, andererseits ein Förderer von Kunst und Wissenschaften. »Der letzte Ritter« sprach sechs Sprachen, verfaßte selbst Schriften und hatte persönlichen Anteil an den Werken »Theuerdank« und »Weißkunig«.

(Y. 124 – Sch. 102)
50 Schilling (S)
1970
∅ 34 mm
VZ / ST 12,– / PP 20,–

F U E N F Z I G S C H I L L I N G

489 300 Jahre Universität Innsbruck

1669 begannen die ersten Vorlesungen an der durch Haller Salinensalz finanzierten Universität Innsbruck. Nach der Philosophischen Fakultät wurde zwei Jahre später der Unterricht an der theologischen und juridischen aufgenommen. 1673 folgte die vierte der klassischen Fakultäten – die medizinische. Die Alma mater Oenipontana, mitten in den Tiroler Bergen, ist seitdem die Tiroler Landesuniversität.

(Y. 125 – Sch. 103)
50 Schilling (S)
1970
∅ 34 mm
VZ / ST 12,– / PP 16,–

F U E N F Z I G S C H I L L I N G

490 Dr. Karl Renner – 100. Geburtstag

Dr. Karl Renner (1870–1950) war seit 1907 Abgeordneter im Reichstag und seit 1918 Staatskanzler. 1919 leitete er die österreichische Delegation bei den Friedensverhandlungen in St.-Germain. Von 1921 bis 1923 und von 1929 bis 1933 war er Präsident des Nationalrates. Auch nach dem Zweiten Weltkrieg wurde er 1945 wieder zum Präsidenten der Republik gewählt. Dies blieb er bis zu seinem Tod am 31. 12. 1950. Dr. Renner war zu seinen Lebzeiten allen Österreichern das Idealbild der Gerechtigkeit und Freiheit.

(Y. 127 – Sch. 105)
50 Schilling (S)
1971
Ø 34 mm
VZ / ST 12,– / PP 16,–
s. a. Nr. 512 und 602

FUENFZIG SCHILLING

491 Ing. Julius Raab – 80. Geburtstag

Dr. Julius Raab (1891–1964) war von 1927 bis 1934 Abgeordneter im Nationalrat. 1938 wurde er Bundesminister für Handel und Verkehr. Seit 1945 war er wieder Mitglied des Österreichischen Nationalrates und wurde 1953 Bundeskanzler (bis 1961). Sein großes Geschick als Verhandler bewies er besonders als Leiter der österreichischen Delegation in Moskau 1955, als über den Staatsvertrag verhandelt wurde und die Sowjetunion auf die Besetzung Österreichs verzichtete.

(Y. 129 – Sch. 106)
50 Schilling (S)
1972
Ø 34 mm
VZ / ST 12,– / PP 16,–

FUENFZIG SCHILLING

492 350 Jahre Universität Salzburg

Die Universität Salzburg zählt zu den jüngsten und zugleich ältesten Hochschulen Österreichs. Nach der Gründung um 1622 war sie im 17. und 18. Jahrhundert durch hervorragende Professoren ein Zentrum der Theologie und Jurisprudenz geworden. Doch wurde die Alma mater Paridiana 1810 geschlossen, nachdem Napoleon Salzburg dem bayerischen König übergeben hatte. Erst 1964 wurde die Universität wiedereröffnet.

(Y. 130 – Sch. 108)
50 Schilling (S)
1972
Ø 34 mm
VZ / ST 12,– / PP 16,–

F U E N F Z I G S C H I L L I N G

493 100 Jahre Hochschule für Bodenkultur in Wien

Die Übernahme der von vielen Österreichern besuchten landwirtschaftlichen Akademie in Ungarisch-Altenburg in die ungarische Staatsverwaltung war der Anlaß, eine neue landwirtschaftliche Hochschule zu gründen. Am 15. 10. 1872 wurde in Wien die Hochschule für Bodenkultur eröffnet. Zu den vier Sektionen gehören die Bereiche Landwirtschaft, Forstwirtschaft, Kulturtechnik sowie Lebensmittel- und Gärungstechnologie.

(Y. 132 – Sch. 109)
50 Schilling (S)
1973
Ø 34 mm
VZ / ST 12,– / PP 16,–

F U E N F Z I G S C H I L L I N G

494 500 Jahre Bummerlhaus in Steyr

Das Bummerlhaus am Marktplatz von Steyr gilt als der schonste spätgotische Profanbau Österreichs. 1473 übernahm der reiche Handelsherr Prandstetter das aus dem 13. Jahrhundert stammende Haus. Sein Sohn Hanns ließ das Gebäude in seiner heutigen Form errichten. Im 19. Jahrhundert war der Bau das Gasthaus »Zum goldenen Löwen«. Über dem Eingang war ein goldener Löwe angebracht, dessen harmloses Aussehen einem kleinen Hund glich – im Volksmund einem »Bummerl«.

(Y. 133 – Sch. 111)
50 Schilling (S)
1973
∅ 34 mm
VZ / ST 12,– / PP 16,–

F U E N F Z I G S C H I L L I N G

495 Dr. h. c. Theodor Körner – 100. Geburtstag

Theodor Körner (1873–1957) war ein entfernter Verwandter des gleichnamigen Freiheitsdichters. Im Ersten Weltkrieg war Körner ein hoher Offizier und wurde 1918 Präsidialchef beim 1. Staatssekretär für das Heereswesen. 1945 wurde er in den Nationalrat, in den Wiener Gemeinderat und zum Bürgermeister von Wien gewählt. Von 1951 bis zu seinem Tod 1957 war Körner österreichischer Bundespräsident.

(Y. 134 – Sch. 113)
50 Schilling (S)
1974
∅ 34 mm
VZ / ST 11,– / PP 15,–

F U E N F Z I G S C H I L L I N G

496 Wiener Internationale Gartenschau 1974

Die Wiener Internationale Gartenschau war bis 1974 die größte der Welt. Hatte die WIG 1964 zur Schaffung des Donauparks mit dem die Silhouette Wiens mitbestimmenden Donauturm geführt, so wurde für die WIG 1974 am Südrand von Wien eine landschaftliche Neugestaltung des Laaer Berges vorgenommen. Bleibendes Zentrum des Geländes ist das Kurzentrum mit seinem Thermalbad.

(Y. 135 – Sch. 114)
50 Schilling (S)
1974
∅ 34 mm
VZ / ST 11,– / PP 15,–

FUENFZIG SCHILLING

497 125 Jahre Gendarmerie in Österreich

Die Geburtsstunde der österreichischen Gendarmerie schlug am 8. 6. 1849, als Kaiser Franz Joseph I. ein Dokument unterschrieb, das die Sicherheit der Bürger im ganzen Land regelte, und das zu einer Zeit, als der habsburgische Staat durch Unruhen und Krisen schwer in Mitleidenschaft geraten war. Der General von Fichtenstamm wurde zum Organisator und Leiter des Korps ernannt. Den Namen erhielt das Korps nach den französischen Gens d'armes, die man schon aus der Zeit der Franzosenkriege kannte.

(Y. 136 – Sch. 115)
50 Schilling (S)
1974
∅ 34 mm
VZ / ST 11,– / PP 15,–

FUENFZIG SCHILLING

498 1200 Jahre Dom zu Salzburg

Der iroschottische Abt und Bischof Virgil ließ 767 den Bau des ersten Domes beginnen. Während der Feierlichkeiten der Einweihung am 24. 9. 774 wurden die Gebeine des heiligen Rupert im Dom beigesetzt, der zum Patron des Domes und Schutzherr der Diözese wurde. Der älteste Dom Österreichs erhielt erst Anfang des 17. Jahrhunderts sein heutiges Aussehen.

(Y. 137 – Sch. 116)
50 Schilling (S)
1974
Ø 34 mm
VZ / ST 11,– / PP 15,–

F U E N F Z I G S C H I L L I N G

499 50 Jahre österreichischer Rundfunk

Der österreichische Rundfunk nahm den Sendebetrieb am 1. 10. 1924 auf, als die Radio-Verkehrs-Aktiengesellschaft - kurz RAVAG - die erste Hörfunksendung ausstrahlte. Am 1. 1. 1925 zählte Österreich bereits 100000 RAVAG-Hörer, zunächst noch mit Kopfhörer und Kristalldetektor. Der 8. 7. 1966 war der Geburtstag des heutigen ORF.

(Y. 152 – Sch. 137)
50 Schilling (S)
1978
Ø 34 mm
VZ / ST 12,– / PP 17,–
s. a. Nr. 401

F U E N F Z I G S C H I L L I N G

500 Franz Schubert – 150. Todestag

Franz Schubert (1797–1828) schuf ein bedeutendes musikalisches Werk. Von der Wiener Klassik herkommend überschritt er bereits die Grenze zur Romantik. Im Mittelpunkt seines Schaffens steht das Lied, das er zu höchster Vollendung führte. Er komponierte aber auch bedeutende Kammermusik, Klavierwerke, Sinfonien, Chorwerke, Kirchenmusik, Opern, Operetten und Ouvertüren.

(Y. 138 – Sch. 117)
100 Schilling (S)
1975
∅ 36 mm
VZ / ST 17,– / PP 21,–
s. a. Nr. 486 und 733

HUNDERT SCHILLING

511 Johann Strauß – 150. Geburtstag

Johann Strauß (1825–1899) gründete wie sein gleichnamiger Vater eine eigene Kapelle, mit der er auf Tourneen als »Walzerkönig« gefeiert wurde. Zu seinen bekanntesten Walzern gehören »An der schönen blauen Donau«, »Kaiserwalzer« und »Frühlingsstimmen«. Von seinen 16 Bühnenwerken sind von besonderer Bedeutung die klassischen Wiener Operetten »Die Fledermaus«, »Eine Nacht in Venedig«, »Der Zigeunerbaron« und »Wiener Blut«.

(Y. 139 – Sch. 118)
100 Schilling (S)
1975
∅ 36 mm
VZ / ST 17,– / PP 21,–
s. a. Nr. 491, 602, 642

HUNDERT SCHILLING

512 20 Jahre Staatsvertrag

Am 15. 5. 1955 wurde der Österreichische Staatsvertrag von den Außenministern der vier Großmächte und Österreichs unterzeichnet. Österreich hatte sich noch vorher international verpflichten müssen, »immerwährend eine Neutralität derart zu üben, wie sie von der Schweiz gehandhabt wird« und keinerlei militärischen Bündnissen beizutreten oder Stützpunkte auf seinem Gebiet zuzulassen. Wichtigster Vertragsinhalt war der Beschluß, die Besatzungstruppen abzuziehen. Damit war der Weg frei zur Wiedererlangung der vollen staatlichen Souveränität.

(Y. 140 – Sch. 119)
100 Schilling (S)
1975
∅ 36 mm
VZ / ST 17,– / PP 21,–

H U N D E R T S C H I L L I N G

513 50 Jahre Schilling

Nach dem inflationären Zerfall der österreichischen Währung im Ersten Weltkrieg und in den folgenden Jahren entschloß man sich in Österreich zu der neuen Währung Schilling. Nach der Währungsreform wurden 10 000 Kronen gegen einen Schilling getauscht. Es waren zwar schon 1924 Schilling-Münzen im Umlauf, obligatorisch wurde der Schilling aber erst ab 1. 1. 1925. Nur die Zölle wurden vorerst noch in Goldkronen berechnet.

(Y. 141 – Sch. 120)
100 Schilling (S)
1976
∅ 36 mm
VZ / ST 17,– / PP 21,–
s. a. Nr. 483, 515 bis 517

H U N D E R T S C H I L L I N G

514 XII. Olympische Winterspiele Innsbruck 1976

Innsbruck war innerhalb von zwölf Jahren zweimal Austragungsort von Olympischen Winterspielen und zwar 1964 und 1976. Diese außergewöhnliche Chance erhielt Innsbruck, weil die IX. Winterspiele 1964 sehr gut organisiert waren und der Mitbewerber Denver für die XII. Winterspiele seine Bewerbung kurzfristig zurückziehen mußte.

(Y. 142 –
Sch. 121 und 122)
100 Schilling (S)
1976

oder (↕)

(Wien) (Hall)
∅ 36 mm
VZ / ST 17,– / PP 21,–
s. a. Nr. 481, 514, 516 und 517

H U N D E R T S C H I L L I N G

515 XII. Olympische Winterspiele Innsbruck 1976

Diese Münze ist die erste von drei Olympia-Münzen, die jeweils von zwei verschiedenen Münzstätten geprägt wurden. Und zwar wurde neben Wien als zweiter Prägeort die historische Münzstätte in Hall vorübergehend aktiviert. In Hall waren zuletzt 1809 Münzen zur Finanzierung des Freiheitskampfes von Andreas Hofer gegen Napoleon geschlagen worden. Zur Unterscheidung trägt die Wiener Prägung das Wiener Stadtwappen als Münzzeichen und die Haller Prägung den Tiroler Adler.

(Y. 143 –
Sch. 123 und 124)
100 Schilling (S)
1976

oder (↕)

(Wien) (Hall)
∅ 36 mm
VZ / ST 17,– / PP 21,–
s. a. Nr. 514, 515 und 517

H U N D E R T S C H I L L I N G

516 XII. Olympische Winterspiele Innsbruck 1976

So wie Innsbruck 1964 bewiesen hat, daß man die Olympischen Winterspiele auch so abwickeln kann, daß sie der Bevölkerung auch finanziell zugemutet werden können, so hat man auch 1976 gezeigt, daß auch »einfache Spiele« eine perfekte Abwicklung des ganzen Programmes ohne Nachteile zulassen.

(Y. 144 –
Sch. 125 und 126)
100 Schilling (S)
1976
oder (↕)
(Wien) (Hall)
∅ 36 mm
VZ / ST 17,– / PP 21,–
s. a. Nr. 514–516

⊷ * ⊶ H U N D E R T S C H I L L I N G ⊷ * ⊶

517 XII. Olympische Winterspiele Innsbruck 1976

Die XII. Olympischen Winterspiele Innsbruck fanden vom 4. bis 15. Februar 1976 statt. Die Anlagen von 1964 wurden auch 1976 benutzt. Die große Sprungchance am Berg Isel wurde für weitere Sprünge und mehr Plätze für Zuschauer ausgebaut. Auch Bob- und Rodelbahn wurden modernisiert und vereinigt. Das neue olympische Dorf wurde nach den Spielen in Sozialwohnungen umgewandelt.

(Y. 145 – Sch. 127)
100 Schilling (S)
1976
∅ 36 mm
VZ / ST 17,– / PP 21,–
s. a. Nr. 430 und 451

⊷ * ⊶ H U N D E R T S C H I L L I N G ⊷ * ⊶

518 200 Jahre Burgtheater 1776–1976

Das 1741 gegründete Wiener Staatstheater wurde 1776 das von Joseph II. zum Nationaltheater erhobene Theater an der Burg. Bis 1888 war es im Ballhaus untergebracht, danach in einem von Semper und Hasenauer neu errichteten Bau am Ring. Unter den großen Regisseuren Laube und Dingelstedt wurde die »Burg« die führende Bühne der deutschen Sprachwelt. Im 2. Weltkrieg brannte sie fast vollständig aus und wurde 1955 wieder eröffnet.

(Y. 146 – Sch. 128)
100 Schilling (S)
1976
Ø 36 mm
VZ / ST 17,– / PP 21,–
s. a. Nr. 456

HUNDERT SCHILLING

519 1000 Jahre Kärnten – Herzogstuhl

Nach etwa 200 Jahren Besiedelung durch Bayern verlieh Kaiser Otto II. 976 Heinrich dem Jüngeren das Land Kärnten als Herzogtum. Seit 1335 gehört Kärnten zu den habsburgischen bzw. österreichischen Ländern.

(Y. 147 – Sch. 130)
100 Schilling (S)
1976
Ø 36 mm
VZ / ST 17,– / PP 21,–

HUNDERT SCHILLING

520 Johann Nestroy – 175. Geburtstag

Der Dichter Johann Nestroy (1801–1862) war auch Schauspieler und spielte seine eigenen Rollen meisterhaft. Er löste den gemütvoll-biedermeierlichen Charakter der Wiener Volkskomödie durch aktuelle und pointiert sarkastische Darstellungen ab. Besonders bekannt seine Werke »Lumpazivagabundus« und »Einen Jux will er sich machen«.

(Y. 149 – Sch. 131)
100 Schilling (S)
1977
∅ 36 mm
VZ / ST 17,– / PP 21,–

H U N D E R T   S C H I L L I N G

521 1200 Jahre Stift Kremsmünster

Das Benediktinerstift Kremsmünster wurde im Jahr 777 vom Herzog Tassilo von Bayern gestiftet; ebenso der kunstvoll gestaltete Tassilo-Kelch (siehe Münzbild). Das Stift wurde von Karl dem Großen reich dotiert, dann litt es unter den Einfällen der Ungarn und nahm erst ab 1007 unter Kaiser Heinrich II. einen raschen Aufschwung.

(Y. 150 – Sch. 132)
100 Schilling (S)
1977
∅ 36 mm
VZ / ST 17,– / PP 21,–

H U N D E R T   S C H I L L I N G

522 900 Jahre Festung Hohensalzburg

Über der Stadt Salzburg erhebt sich auf einem nach drei Seiten jäh abfallenden, 130 m über der Salzach liegenden Felsen die Festung Hohensalzburg. Sie entstand um 1077 aus den Ruinen eines römischen Kastells und diente als Residenz der Erzbischöfe von Salzburg, als Kaserne und noch bis 1945 als Gefängnis. In ihr befindet sich eine Kapelle mit Apostelstatuen und Reliefbildern aus rotem Marmor und reich eingerichtete Fürstenzimmer.

(Y. 151 – Sch. 133)
100 Schilling (S)
1977
∅ 36 mm
VZ / ST 17,– / PP 45,–
s. a. Nr. 515 und 626

H U N D E R T S C H I L L I N G

523 500 Jahre Münzstätte Hall/Tirol

Weltruhm erlangte Hall in Tirol durch die Prägung seiner herrlichen Münzen. Kunst und Wirtschaft wirkten zusammen, um den »ersten Taler der Welt« zu schaffen. Dieser Haller Guldiner von 1486 beeinflußte entscheidend die Währungspolitik und Münzgeschichte der Neuzeit. Nach dem ersten Taler der Welt entstand nun 1977 die erste Europa-Münze in Hall. Die Vorlage von 1483 enthielt als erste Münze das Wort EUROPA.

(Y. 153 – Sch. 134)
100 Schilling (S)
1978
∅ 36 mm
VZ / ST 17,– / PP 21,–

H U N D E R T S C H I L L I N G

524 700 Jahre Stadterhebung Gmunden

Nach verschiedenen Quellen war Gmunden schon 1186 mit Mauern und Gräben umgeben. Nach Ansicht mehrerer Schriftsteller soll Gmunden 1188 zur Landstadt erhoben worden sein. Die Siedlung »am Gemünde der Traun« entwickelte sich im 12. Jahrhundert zum bedeutenden Umschlagplatz für Salz. Nach vorliegenden Urkunden steht fest, daß Gmunden 1301 Stadtrechte hatte. Seit 1861 ist die Traunseestadt Kurort.

(Y. 154 – Sch. 135)
100 Schilling (S)
1978
∅ 36 mm
VZ / ST 17,– / PP 21,–

H U N D E R T S C H I L L I N G

525 700. Jahrestag der Schlacht Dürnkrut und Jedenspeigen

Eine der größten Reiterschlachten des Mittelalters fand 1278 in der Talebene von Dürnkrut und Jedenspeigen (ca. 50 km von Wien) statt, als die Heere des Böhmenkönigs Ottokar II. und des deutschen Königs Rudolf von Habsburg aufeinandertrafen. Die Schlacht ging zu Gunsten Rudolfs von Habsburg aus. Erst dieser Sieg ermöglichte Rudolf, die Herzogtümer Österreich und Steiermark seinen Söhnen zu verleihen. Diese Länder sollten letztlich die lebenskräftige Keimzelle des habsburgischen Länderkomplexes bilden.

(Y. 155 – Sch. 136)
100 Schilling (S)
1978
∅ 36 mm
VZ / ST 17,– / PP 21,–

H U N D E R T S C H I L L I N G

526 1100 Jahre Villach

Die 1100-Jahrfeier Villachs bezieht sich auf eine im Kärntner Landesarchiv vorliegende Urkunde vom 9. September 878. Danach schenkte König Karlmann, ein Urenkel Karls des Großen, dem bayerischen Kloster (Alt-)Ötting den Königshof. Dessen Grenzbeschreibung schließt mit den Worten »vsqve ad pontem villah«, d. h. »bis zur Brücke von Villach«. 1060 erhielt Villach durch den Frankenkönig Heinrich IV. das Marktrechtsprivileg und 1298 das Stadtrecht.

(Y. 156 – Sch. 138)
100 Schilling (S)
1978
Ø 36 mm
VZ / ST 17,– / PP 21,–

H U N D E R T S C H I L L I N G

527 Arlbergstraßentunnel erbaut 1974–1978

In den Jahren 1974 bis 1978 wurde der Arlbergstraßentunnel erbaut und am 1. Dezember 1978 nach der Eröffnung dem Straßenverkehr übergeben. Der Tunnel verbindet die Länder Tirol und Vorarlberg; er ist sowohl für den Tourismus wie auch für den Güterverkehr eine wesentliche Verbesserung.

(Y. 157 – Sch. 139)
100 Schilling (S)
1979
Ø 36 mm
VZ / ST 17,– / PP 21,–

H U N D E R T S C H I L L I N G

528 700 Jahrfeier des Domes zu Wiener Neustadt

Nach jahrzehntelanger Bauzeit wurde die Wiener Neustädter Pfarrkirche (der spätere Dom) 1279 fertiggestellt. Die zu Ehren der hl. Maria und des hl. Rupert geweihte Kirche wurde Anfang des 14. Jahrhunderts weiter ausgebaut. Die am 18. Januar 1469 auf Betreiben Kaiser Friedrich III. erfolgte Errichtung eines Bistums in Wiener Neustadt brachte die Erhebung der Pfarrkirche zur Kathedrale mit sich. Die älteste Bischofskirche des heutigen Niederösterreichs wurde in den darauffolgenden Jahrhunderten immer kunstvoller ausgestattet.

(Y. 158 – Sch. 140)
100 Schilling (S)
1979
∅ 36 mm
VZ / ST 17,– / PP 21,–

H U N D E R T S C H I L L I N G

529 200 Jahre Innviertel bei Österreich

Mit dem Frieden von Teschen, der den Bayerischen Erbfolgekrieg zwischen Österreich einerseits und Preußen bzw. Sachsen andererseits beendete, trat Bayern an Kaiser Joseph II. seine Gebiete ostwärts des Inns ab: diese erhielten im Mai 1779 die Bezeichnung »Innviertel«. Von 1810 bis 1816 gehörte das Innviertel wieder zu Bayern; erst seit dem Vertrag von München (14. April 1816) verblieb das Gebiet endgültig bei Österreich.

(Y. 159 – Sch.141)
100 Schilling (S)
1979
∅ 36 mm
VZ / ST 17,– / PP 21,–

H U N D E R T S C H I L L I N G

530 Internationales Zentrum Wien

Das Internationale Zentrum in Wien wurde 1979 im Donaupark eröffnet und wird nun von UNO-Organisationen genutzt. Wien beabsichtigt, durch den Bau dieses Gebäudekomplexes – auch UNO-City genannt – neben New York und Genf zum dritten großen UNO-Tagungsort zu werden.

(Y. 160 – Sch. 142)
100 Schilling (S)
1979
∅ 36 mm
VZ / ST 17,– / PP 21,–
s. a. Nr. 623

H U N D E R T S C H I L L I N G

531 Festspiel- und Kongreßhaus Bregenz

Bregenz, die Stadt im Dreiländereck Österreich, Deutschland und Schweiz, hat seit 1980 ein Festspiel- und Kongreßhaus. Die Bregenzer Festspiele gibt es bereits seit 1946. Bekannt wurden sie durch ihre Aufführungen auf der Seebühne im Bodensee – eine einzigartige Mischung aus Musik, Beleuchtungseffekten und Wasserspielen. Das Festspielhaus ermöglicht nun die Aufführungen unabhängig von der Witterung.

(Y. – – Sch. 193)
100 Schilling (S)
1991
Rand: Geriffelt
∅ 34 mm
PP 75,–
s. a. Nr. 404, 452, 533, 702 und 732

532 Wolfgang Amadeus Mozart – 200. Todestag

Diese Münze ist der Jugendzeit Mozarts und der Stadt Salzburg gewidmet. Der vor der Stadtsilhouette abgebildete Dom ist als Symbol für Mozarts sakrale Werke, aber auch für seinen wichtigsten Auftraggeber, den Fürst-Erzbischof von Salzburg (Sigismund von Schrattenbach und Hieronymus Graf Colloredo) zu sehen. Die Münzrückseite zeigt den jungen Mozart am Spinett, begleitet von seinem Vater Leopold auf der Violine.

(Y. – – Sch.194)
100 Schilling (S)
1991
Rand: Geriffelt
∅ 34 mm
PP 60,–
s. a. Nr. 404, 452, 532, 702 und 732

533 Wolfgang Amadeus Mozart – 200. Todestag

Die zweite Gedenkmünze zum 200. Todestag von W. A. Mozart ist seinem Schaffen in Wien gewidmet und zeigt die Stadt Wien, besonders aber das alte Burgtheater, dem Premiereort großer Mozartopern wie »Die Entführung aus dem Serail«, »Le Nozze di Figaro«, »Cosi fan tutte« und »Die Zauberflöte«.

(Y. – – Sch. 199)
100 Schilling (S)
1991
Rand: Geriffelt
∅ 34 mm
PP 90,–
s. a. Nr. 525

534 1000 Jahre Österreich – König Rudolf I. von Habsburg

Rudolf I. (1218–1291) wurde 1273 in Aachen zum König gewählt. In der Schlacht bei Dürnkrut besiegte er Ottokar II. von Böhmen. Mit den eroberten Ländern begründete der König die Habsburger Hausmacht. 1282 kam es auf einem Reichshoftag in Augsburg zur Belehnung von Rudolfs Söhnen Albrecht und Rudolf II. mit den Herzogtümern Österreich und Steiermark sowie dem Land Krain: Der Grundstein für ein mächtiges Habsburgerreich war gelegt.

(Y. – – Sch. 200)
100 Schilling (S)
1992
Rand: Geriffelt
∅ 34 mm
PP 75,–
s. a. Nr. 488 und 537

535 1000 Jahre Österreich – Kaiser Maximilian I.

Maximilian I. (1459–1519) hat als »letzter Ritter« des Mittelalters durch seine Bündnispolitik einen wesentlichen Beitrag zu Österreichs späterer Größe und heutiger kultureller Vielfalt geleistet. Vor allem durch seine geschickte Heiratspolitik hat er die Entwicklung Österreichs zum Weltreich entscheidend beeinflußt. So gewannen die Habsburger durch die Ehe seines Sohnes Philipp die spanischen Erblande mit den zukünftigen Kolonien.

(Y. – – Sch. 203)
100 Schilling (S)
1992
Rand: Geriffelt
∅ 34 mm
PP 55,–
s. a. Nr. 576, 639–642, 701, 703, 733 und 761

536 150 Jahre Wiener Philharmoniker – Otto Nicolai

Auf der Wertseite der Münze ist eine Ansicht des Kärntnertor-Theaters in Wien dargestellt, der Wirkungsstätte Otto Nicolais von 1841 bis 1847. Die Bildseite der Münze zeigt ein Porträt Otto Nicolais, dem Gründer der Wiener Philharmonie, nach einer Lithographie von J. Kriehuber aus dem Jahr 1842.

(Y. – – Sch. 206)
100 Schilling (S)
1992
Rand: Geriffelt
∅ 34 mm
PP 55,–
s. a. Nr. 535

537 1000 Jahre Österreich – Kaiser Karl V.

Karl V. (1500–1558) wurde 1519 zum König des Heiligen Römischen Reiches gewählt und 1530 vom Papst zum Kaiser gekrönt. Als Sohn Philipps des Schönen und Enkel Maximilians I. war er Erzherzog von Österreich, Herzog von Steiermark und Kärnten sowie Graf von Tirol. 1516 folgte Karl seinem Großvater mütterlicherseits auf den spanischen Thron und überließ 1522 seinem Bruder Ferdinand I. die österreichischen Erblande.

(Y. – – Sch. 208)
100 Schilling (S)
1993
Rand: Geriffelt
∅ 34 mm
PP 55,–

538 1000 Jahre Österreich – Kaiser Leopold I.

Unter Kaiser Leopold I. (1640–1705) wurde Österreich zur Großmacht. Er kämpfte erfolgreich gegen die Türken (1663–1664 und 1683–1699), wodurch er die habsburgische Herrschaft über Ungarn und Siebenbürgen sicherte (Friede von Karlowitz). Österreich verdankt Leopold I. die Belebung der Wirtschaft (Merkantilismus). Er förderte Theater und Musik sowie die Entwicklung der großen barocken Architektur.

(Y. 85 – Sch. 57)
100 Schilling (G)
1935–1938
Rand: Kerben
∅ 32 mm
VZ / ST 3500,–
s. a. Nr. 411, 453 und 611

561 Magna Mater Austriae – Madonna von Mariazell

Mariazell gehört zu den beliebtesten Wallfahrtsorten Europas. Vor allem die Ungarn und Slawen, aber auch die Stämme der ehemaligen Donaumonarchie sind mit dem Nationalheiligtum Österreichs eng verbunden. Mariazell verdankt seine Gründung einem Benediktinermönch aus dem Stift St. Lambrecht, der 1157 ein holzgeschnitztes Marienbild herbrachte. Der Ruf wunderbarer Gebetserhörungen brachte bald Pilger aus vielen Ländern zum Gnadenbild.

(Y. – – Sch. A 185)
200 Schilling (G)
1991, 1992
Rand: Geriffelt
∅ 16 mm
PP 65,–
s. a. Nr. 536, 639–642, 701, 703, 733 und 761

576 Wiener Philharmoniker

Die Gründung der Wiener Philharmonie ist dem Komponisten und Dirigenten Otto Nicolai zu verdanken, als er am 28. 3. 1842 im Großen Redoutensaal ein »großes Concert« dirigierte, das vom »sämmtlichen Orchester-Personal des k. k. Hofoperntheaters« veranstaltet wurde. Diese »Philharmonische Academie«, so der ursprüngliche Titel, gilt mit Recht als Geburtsstunde des Wiener Orchesters.

(Y. 161 – Sch. 143)
500 Schilling (S)
1980
∅ 38 mm
VZ / ST 75,– /
PP 83,–
s. a. Nr. 494

601 1000 Jahre Steyr

Die erste urkundliche Erwähnung der Styraburg stammt aus dem Jahr 980. Die Burg und Stadt Steyr besaß seit 1180 Stadtrechte und Eisenhandelsprivilegien, die im Spätmittelalter eine Blütezeit im Eisenhandel für Steyr brachte. Auch im 19. Jahrhundert war die eisenverarbeitende Industrie von zunehmender Bedeutung. So gründete J. Werndl 1864 eine größere Waffenfabrik, deren Nachfolgebetrieb die heutigen Werkanlagen der Steyr-Daimler-Puch AG darstellen.

(Y. 162 – Sch. 144)
500 Schilling (S)
1980
∅ 38 mm
VZ / ST 75,– /
PP 83,–
s. a. Nr. 491, 512
und 612

602 25 Jahre Staatsvertrag 1955–1980

Nahezu ein Jahrzehnt währten die Bemühungen Österreichs nach dem Ende des Zweiten Weltkrieges, die volle Souveränität des Staates wiederherzustellen und den Abzug der alliierten Besatzungstruppen zu erreichen. Erst nach dem Tod Stalins (1953) war ein Kurswechsel in der sowjetischen Haltung erkennbar. Nach schwierigen Verhandlungen mit den Sowjets kam es am 15. 5. 1955 im Schloß Belvedere in Wien zum Staatsvertrag mit den Alliierten. Die volle staatliche Souveränität war nunmehr für Österreich wiedererlangt.

(Y. 163 – Sch. 145)
500 Schilling (S)
1980
∅ 38 mm
VZ / ST 75,– / PP 80,–
s. a. Nr. 463 und 734

603 200. Todestag Maria Theresias

Maria Theresia (1717–1780) war eine Habsburger Herrscherin, die nicht nur in Österreich bis heute hohes Ansehen genießt. Sie prägte die Idee eines großen Staates, der von Gerechtigkeit, Ordnung und Treue erfüllt sein sollte. Auch ließ sie sich von der Sorge um das Wohl ihrer Bürger leiten und veranlaßte in Verwaltung, Rechtssprechung, Gewaltentrennung, Wirtschaftsförderung und besonders in der Schulbildung bahnbrechende Änderungen.

(Y. 164 – Sch. 146)
500 Schilling (S)
1980
∅ 38 mm
VZ / ST 75,– / PP 80,–
s. a. Nr. 809 und 814

604 100 Jahre Österreichisches Rotes Kreuz

Henri Dunants Vorschläge zur Gründung des Roten Kreuzes, wie er sie im Buche »Eine Erinnerung an Solferino« niedergelegt hatte, führten zur Genfer Konvention vom 22. 8. 1864, in der die »Verbesserung des Loses der verwundeten Soldaten im Landkrieg« von zwölf Ländern zugesagt und unterschrieben wurden. Österreich trat 1866 dieser Konvention bei. 1880 wurde dann die »Österreichische Gesellschaft vom Rothen Kreuze« gegründet, nachdem vorher in drei Kriegen der »Patriotische Hilfsverein« das Zeichen des österreichischen Roten Kreuzes annahm.

(Y. 166 – Sch. 148)
500 Schilling (S)
1981
∅ 38 mm
VZ / ST 75,– / PP 80,–

605 800 Jahre Verduner Altar in Klosterneuburg

Der Goldschmied Nikolaus von Verdun vollendete 1181 jenes herrliche Emailwerk, das heute allgemein »Verduner Altar« genannt wird. Ursprünglich bildeten die Emailplatten keinen Altar, sondern schmückten die Brüstung der Kanzel in der Stiftskirche Klosterneuburg. Während eines Brandes im Jahre 1330 konnten die Emailtafeln gerettet werden. Sie wurden nicht mehr an der Kanzel angebracht, sondern zu einem Flügelaltar umgebaut. So hat das berühmte Kunstwerk seit 1331 die Form von heute.

(Y. 167 – Sch. 149)
500 Schilling (S)
1981
∅ 38 mm
VZ / ST 75,– / PP 80,–

606 Anton Wildgans – 100. Geburtstag

Der Dichter Anton Wildgans (1881–1932) suchte als Dramtiker realistische Sozialkritik mit expressiv symbolhafter Aussage zu verbinden. Seine wichtigsten Werke: »In Ewigkeit Amen«, »Armut«, »Liebe«, »Dies irae«, »Buch der Gedichte«, »Kirbisch« und »Musik der Kindheit«. Zeitweilig war er Direktor des Burgtheaters.

(Y. 168 – Sch. 150)
500 Schilling (S)
1981
∅ 38 mm
VZ / ST 75,– / PP 80,–

607 Otto Bauer – 100. Geburtstag

Otto Bauer (1881–1938) war der führende Kopf der österreichischen Sozialdemokratie in der Ersten Republik. Nach dem Ersten Weltkrieg leitete er acht Monate das Außenministerium. Von 1920 bis 1934 war er Abgeordneter im Nationalrat und im Parlament der Wortführer seiner Partei. Daneben schrieb er soziologische, historische und nationalökonomische Werke.

(Y. 169 – Sch. 151)
500 Schilling (S)
1981
∅ 38 mm
VZ / ST 75,– / PP 80,–
s. a. Nr. 463, 603 und 734

608 200 Jahre Toleranzpatent – Evangelische Kirche in Österreich

Das Toleranzpatent Kaiser Josephs II. aus dem Jahr 1781 gab den Betroffenen (Protestanten, Griechisch-Orthodoxen, Juden, Moslems) nicht nur religiöse Freiheiten, es ermöglichte ihnen auch den wirtschaftlichen und sozialen Aufstieg und ist somit eines der wesentlichen und bleibenden Reformwerke dieses Kaisers (Sohn Maria Theresias). Nun konnten sich die Nichtkatholiken in Österreich öffentlich zu ihrem Glauben bekennen, ohne im bürgerlichen Leben benachteiligt zu werden.

(Y. 170 – Sch. 152)
500 Schilling (S)
1982
∅ 38 mm
VZ / ST 75,– / PP 80,–

609 St. Severin – 1500. Todestag

St. Severin (415–482) lebte am Ende der Römerzeit im Gebiet des heutigen Ober- und Niederösterreich. Hier drangen germanische Stämme ein und suchten neuen Siedlungsraum. St. Severin gelang es, zwischen Einheimischen und Zuziehenden zu vermitteln, blutige Auseinandersetzungen zu verhindern, Hungernde zu sättigen, Gefangene zu befreien und vom Feind bedrohte Gebiete zu räumen. Er war in dieser Umbruchsituation die führende Persönlichkeit der Provinz und genoß Achtung und Respekt auch anderer Volksgruppen.

(Y. 172 – Sch. 153)
500 Schilling (S)
1982
∅ 38 mm
VZ / ST 75,– / PP 80,–
s. a. Nr. 59

610 500 Jahre Druck in Österreich

Die ältesten nachweislich in Österreich hergestellten Erzeugnisse des Buchdrucks tragen das Impressum »Wien 1482«. Allerdings findet sich keine Namensangabe. 1492 wird der Name des Druckers Johannes Winterburger in Wien bekannt. Er hat uns unter anderem prachtvolle liturgische Drucke hinterlassen. In der Rennaicancezeit z. B. arbeitet Johann Singriener hauptsächlich für die aufstrebende Wiener Universität.

(Y. 173 – Sch. 154)
500 Schilling (S)
1982
∅ 37 mm
VZ / ST 75,– / PP 80,–
s. a. Nr. 411, 453 und 561

611 825 Jahre Mariazell

Um das Jahr 1200 baute Markgraf Heinrich von Mähren zum Dank für seine Heilung in Mariazell die erste Kirche aus Stein als Hort für das Gnadenbild. König Ludwig I. von Ungarn stiftete 1370, nach seinem Sieg über die Türken, den Kirchenausbau mit dem heute noch vorhandenen gotischen Turm. Von 1644 bis 1683 wurde das Gotteshaus zur heutigen Größe ausgebaut.

(Y. 174 – Sch. 156)
500 Schilling (S)
1982
∅ 38 mm
VZ / ST 75,– / PP 80,–
s. a. Nr. 512 und 602

612 Leopold Figl – 80. Geburtstag

Leopold Figl (1902–1965) wurde 1934 in den österreichischen Bundeswirtschaftsrat berufen. Von 1935 bis Kriegsbeginn und nach dem Krieg war er Leiter des österreichischen Bauernbundes. Von 1945 bis 1953 war Figl Bundeskanzler. Als Außenminister (1953–1959) war er maßgeblich an allen Verhandlungen beteiligt, die im Mai 1955 zum Abschluß des österreichischen Staatsvertrages führten. Von 1959 bis 1962 war Figl Präsident des Nationalrates.

(Y. 176 – Sch. 158)
500 Schilling (S)
1983
∅ 37 mm
VZ / ST 75,– / PP 80,–

F U E N F H U N D E R T S C H I L L I N G

613 F. E. I. Weltcup der Springreiter Wien

Das 5. Weltcup-Finale der Springreiter fand 1983 nach Göteborg, Baltimore, Birmingham in Wien statt. Der Silber-Bergkristall-Pokal ist die begehrteste Trophäe der internationalen Springreiterelite. Österreich war mit Hugo Simon bei jedem dieser Finals auf den ersten drei Plätzen zu finden.

(Y. 177 – Sch. 159)
500 Schilling (S)
1983
∅ 37 mm
VZ / ST 75,– / PP 80,–
s. a. Nr. 616

F U E N F H U N D E R T S C H I L L I N G

614 100 Jahre Wiener Rathaus

Die Schleifung der Wiener Stadtmauern im Jahr 1857 hatte den Zweck, die Innere Stadt mit den Vorstädten zu verbinden. In einem großen städtebaulichen Projekt sollte auch ein neues Rathaus gebaut werden. Der Plan des Architekten Friedrich von Schmidt, das Rathaus als neugotisches Gebäude mit Renaissanceelementen zu bauen, wurde ausgeführt. Der fast 100 m hohe Rathausturm wird von einem 3,40 m hohen, aus Kupfer getriebenen Ritter, dem »Rathausmann«, bekrönt.

(Y. 178 – Sch. 160)
500 Schilling (S)
1983
Ø 37 mm
VZ / ST 75,– / PP 80,–
s. a. Nr. 633

F U E N F H U N D E R T S C H I L L I N G

615 Katholikentag – Johannes Paul II.

Am 10. September 1983 kam der Papst zu einem viertägigen Aufenthalt nach Österreich, um am Katholikentag von Wien mit den Gläubigen zu feiern. Höhepunkte waren die Meßfeier auf dem Gelände des Donauparks und der Besuch der Wallfahrtskirche Mariazell. Dies war der zweite Papstbesuch in Wien, nachdem vor 201 Jahren Papst Pius VI. nach Wien kam.

(Y. 179 – Sch. 161)
500 Schilling (S)
1983
Ø 37 mm
VZ / ST 75,– / PP 80,–
s. a. Nr. 614

F U E N F H U N D E R T S C H I L L I N G

616 100 Jahre Parlamentsgebäude

Ähnlich wie das Rathaus wurde innerhalb des großen städtebaulichen Projekts der Wiener Ringstraße das Parlamentsgebäude in den Jahren 1874 bis 1883 erbaut. Das an einen griechischen Tempel erinnernde Gebäude entstand nach Plänen des dänischen Architekten Theophil Hansen, der in Wien mehrere Großbauten entwarf. Heute tagen im Parlamentsgebäude National- und Bundesrat.

(Y. 180 – Sch. 163)
500 Schilling (S)
1984 F
∅ 37 mm
VZ / ST 75,– / PP 80,–
s. a. Nr. 428 und 481

FUENFHUNDERT SCHILLING

617 175. Jahrestag des Tiroler Freiheitskampfes

Drei Jahre bayerische Herrschaft hatten alles zerstört, was den Tirolern seit Jahrhunderten wichtig war: den Landtag, die Wehrfreiheit und den Namen Tirol. Unter Andreas Hofer schlugen die Tiroler Schützen 1809 die Bayern und Franzosen mehrmals am Berg Isel zurück. In einem weiteren aussichtslosen Kampf wurden die Tiroler geschlagen. Andreas Hofer geriet durch Verrat in die Hände der Franzosen und wurde auf Befehl Napoleons 1810 in Mantua erschossen.

(Y. 182 – Sch. 164)
500 Schilling (S)
1984
∅ 37 mm
VZ / ST 75,– / PP 80,–

FUENFHUNDERT SCHILLING

618 100 Jahre Bodenseeschiffahrt

Genaugenommen muß die Umschrift der Münze »100 Jahre Österreichische Bodenseeschiffahrt« heißen, da vor der Gründung derselben im Jahr 1884 schon 60 Jahre früher ein württembergischer Dampfer auf dem Bodensee verkehrte. Die Eröffnungsfeier der Österreichischen Bodenseeschiffahrt war am 15. September 1884 in Gegenwart von Kaiser Franz Joseph. Die ersten österreichischen Schiffe waren die »Austria« und »Habsburg«. Auf der Münze das moderne Flaggschiff »Vorarlberg«.

(Y. 183 – Sch. 165)
500 Schilling (S)
1984
∅ 37 mm
VZ / ST 75,– / PP 80,–

FUENFHUNDERT SCHILLING

619 700 Jahre Stift Stams Tirol

Eine kleine Schar von Zisterziensermönchen wurde 1273 von Graf Meinhard II. nach Stams gerufen, um ein Kloster zu gründen. Nach der Stiftungsurkunde übergab der Graf den Mönchen das ganze Dorf Stams mit Wäldern, Äckern, Wiesen und Weiden. 1284 konnten die Mönche ihre neue Abteikirche einweihen. Ende des 17. Jahrhunderts erhielt die durch Feuer vernichtete Stiftskirche durch Neuaufbau ihr heutiges Aussehen. Heute beherbergt das Stift u. a. ein Aufbau-Realgymnasium und Internat.

(Y. 184 – Sch. 166)
500 Schilling (S)
1984
∅ 37 mm
VZ / ST 75,– / PP 80,–

FUENFHUNDERT SCHILLING

620 100. Todestag von Fanny Elssler

Fanny, eigentlich Franziska, Elssler (1810–1884) war eine berühmte österreichische Ballett-Tänzerin, die zwischen 1830 und 1851 an allen großen Bühnen gefeiert wurde. Der Weg zum Ruhm führte über Berlin, Hamburg, Brüssel und London nach Paris. Hier war Marie Taglioni seit etlichen Jahren unangefochten die strahlende Sonne am Balletthimmel. Fanny Elssler eroberte trotzdem das Pariser Publikum, das sich bald in Taglionisten und Elsslerianer teilte. Eine Tournee führte sie zwei Jahre nach Amerika und wieder zurück nach Europa.

(Y. 185 – Sch. 168)
500 Schilling (S)
1985
∅ 37 mm
VZ / ST 75,– / PP 80,–

F U E N F H U N D E R T S C H I L L I N G

621 400 Jahre Karl-Franzens-Universität Graz

Die Universität Graz ist im Jahr 1585 von Erzherzog Karl II. von Innerösterreich gegründet worden, zuerst nur mit einer philosophischen und theologischen Fakultät. 1778 kam die juridische Fakultät hinzu. Unter Joseph II. wurde die Universität 1782 zum Lyzeum degradiert. Kaiser Franz I. ließ die Universität 1827 wiedereröffnen und heißt seitdem Karl-Franzens-Universität. 1863 kam es zur Angliederung der medizinischen Fakultät. Heute werden Vorlesungen in sechs Fakultäten gehalten.

(Y. 187 – Sch. 169)
500 Schilling (S)
1985
∅ 37 mm
VZ / ST 75,– / PP 80,–
s. a. Nr. 490

F U E N F H U N D E R T S C H I L L I N G

622 40 Jahre Frieden in Österreich

Am 27. April 1945 bildete Dr. Karl Renner in Wien die provisorische Staatsregierung, welche die Unabhängigkeitserklärung Österreichs beschloß. An diesem Tag beginnt die Nachkriegsgeschichte Österreichs, zu einem Zeitpunkt, als die russischen Truppen erst das Burgenland und das östliche Niederösterreich besetzt hatten. Seit dem Waffenstillstand vom 8. Mai 1945 kann man von einem Friedenszustand in Österreich sprechen.

(Y. 193 – Sch. 170)
500 Schilling (S)
1985
Ø 37 mm
VZ / ST 75,– / PP 80,–
s. a. Nr. 531

F U E N F H U N D E R T S C H I L L I N G

623 2000 Jahre Bregenz

Nach Eroberung der keltischen Ansiedlung Brigantion durch römische Truppen unter dem Befehl des Tiberius 15 v. Chr. entstand im Südwesten des Ölrainplateaus ein Erdkastell, das nach dem Abzug des Militärs aufgegeben wurde. Nordöstlich dieser Garnison entwickelte sich eine stadtartige Siedlung, die den keltischen Namen latinisiert als »Brigantium« übernahm. Die Bildseite der Münze zeigt den römischen Denar mit Tiberius-Kopf und ein Bregenzer Stadtsiegel aus dem 16. Jahrhundert.

(Y. 188 – Sch. 171)
500 Schilling (S)
1985
Ø 37 mm
VZ / ST 75,– / PP 80,–
s. a. Nr. 605, 624
und 731

F U E N F H U N D E R T S C H I L L I N G

624 500-Jahr-Feier der Heiligsprechung des Markgrafen Leopold III.

Markgraf Leopold III. regierte die Mark Österreich von 1085 bis 1136. Durch seine kluge Politik konnte er seiner Familie, den Babenbergern, den dauernden Besitz Österreichs sichern. Unter ihm erlebte Österreich eine Epoche des Friedens und Wohlstandes. Er gründete die beiden Klöster Klosterneuburg und Heiligenkreuz. Am 6. Januar 1485 wurde Leopold III. heiliggesprochen. Sein Todestag (15. November) wird heute noch in Österreich als Festtag begangen.

(Y. 189 – Sch. 173)
500 Schilling (S)
1986
∅ 37 mm
VZ / ST 75,– / PP 80,–
s. a. Nr. 409 und 459

F U E N F H U N D E R T S C H I L L I N G

625 Prinz Eugen v. Savoyen – 250. Todestag

Österreichs erfolgreichster Feldherr, Prinz Eugen von Savoyen (1663–1736), kämpfte mehrmals gegen die Türken und gegen Ludwig XIV. von Frankreich. Jedesmal siegreich. Dadurch wurden die habsburgischen Länder eine Großmacht und die kaiserliche Haupt- und Residenzstadt Wien eine Drehscheibe der europäischen Politik. Da er für seine Verdienste fürstlich entlohnt wurde, konnte er sich prächtige Paläste in Wien, Budapest und Slawonien schaffen, auch die Marchfeldschlösser Obersiebenbrunn, Niederweiden und Schloßhof.

(Y. 190 – Sch. 174)
500 Schilling (S)
1986
∅ 37 mm
VZ / ST 75,– / PP 80,–
s. a. Nr. 515 und 523

F U E N F H U N D E R T S C H I L L I N G

626 500 Jahre Haller Taler

Unter Herzog Sigismund wurde 1486 der erste Taler in Hall/Tirol geprägt. Die großen Silbervorkommen in Tirol und der technische Fortschritt ließen es erstmals zu, große Silbermünzen zu prägen. Die große Lücke zwischen Kreuzer und Goldgulden wurde durch die neuen Nominale Sechser, Pfundner (= 12 Kreuzer) und Halbguldiner (= 30 Kreuzer) geschlossen. Der Guldiner (= 60 Kreuzer) war das Gegenstück des Goldguldens und gilt als erster Taler. Die Bildseite der Münze zeigt den Guldiner von 1486.

(Y. 191 – Sch. 175)
500 Schilling (S)
1986
∅ 37 mm
VZ / ST 75,– / PP 80,–

F U E N F H U N D E R T S C H I L L I N G

627 300 Jahre Barockstift St. Florian

Das Augustiner-Chorherrenstift St. Florian zählt zu den glänzendsten Schöpfungen barocker Baukunst in Österreich. Das Stift war bereits im 11. Jahrhundert eine bedeutende Kult- und Wallfahrtsstätte. Mit der Grundsteinlegung zur Stiftskirche setzte 1686 eine umfassende Barockisierung der gesamten Klosteranlage ein, die in einer Bauzeit von 66 Jahren unter den Baumeistern Carlone, Prandtauer und Hayberger harmonisch gelang.

(Y. 192 – Sch. 176)
500 Schilling (S)
1986
∅ 37 mm
VZ / ST 75,– / PP 80,–

F U E N F H U N D E R T S C H I L L I N G

628 KSZE-Folgetreffen Wien 1986

In Übereinstimmung mit der Schlußakte der KSZE (Konferenz für Sicherheit und Zusammenarbeit in Europa), die 1975 in Helsinki von 35 Staaten unterzeichnet wurde, fanden vor dem Wiener Treffen bisher zwei Folgetreffen statt (Belgrad und Madrid). Bei der Schlußakte handelt es sich um einen gemeinsamen Verhaltenskodex zur Verringerung von politischen Spannungen und den Ausbau der Zusammenarbeit in Europa. Die Zusammenarbeit bezieht sich auf Wirtschaft, Wissenschaften, Technik, Umwelt, Kultur und Bildung.

(Y. – – Sch. 178)
500 Schilling (S)
1987
∅ 37 mm
VZ / ST 75,– / PP 81,–

FUENFHUNDERT SCHILLING

629 Wolf Dietrich von Raitenau – Erzbischof von Salzburg 1587–1612

Der Fürsterzbischof Wolf Dietrich von Raitenau (1559–1617) gilt als Gründer des barocken Salzburg. Seine schöpferische Bautätigkeit war von eminenter kulturhistorischer Bedeutung für die Stadt. Er zeigte auch große Neigungen zu den schönen Künsten und zur naturwissenschaftlich-technischen Wissenschaft.

(Y. – – Sch. 179)
500 Schilling (S)
1987
∅ 37 mm
VZ / ST 75,– / PP 81,–
s. a. Nr. 91 und 238

FUENFHUNDERT SCHILLING

630 150 Jahre Eisenbahn in Österreich

Am 4. März 1836 verlieh Kaiser Ferdinand dem Bankhaus Rothschild für 50 Jahre das erbetene Privileg zur Errichtung einer Eisenbahn. Am 7. April 1837 wurde mit den Bauarbeiten begonnen, und der erste Personenzug der Kaiser-Ferdinands-Nordbahn mit der Lokomotive »Austria« verkehrte am 7. Juli 1839, der erste Güterzug am 2. März 1840. Im Jahr 1842 entschloß sich die Regierung, die Gestaltung der Verkehrswege in die Hand zu nehmen.

(Y. – – Sch. 180)
500 Schilling (S)
1987
∅ 37 mm
VZ / ST 75,– / PP 81,–
s. a. Nr. 624

F U E N F H U N D E R T S C H I L L I N G

631 800 Jahre Stiftskirche Heiligenkreuz

Das Stift Heiligenkreuz wurde 1133 von Markgraf Leopold III. von Österreich gegründet. Im Jahr 1187 wurde dort die erste Kirche durch den Kardinallegaten »Theobald« eingeweiht. Aufgrund einer weiteren Kirchweih im Jahr 1240 ist anzunehmen, daß der romanische Bau in allen Einzelheiten fertig gestaltet wurde. 1295 erfolgte die Einweihung des gotischen Hallenchores, der im Osten an die Basilika angefügt wurde.

(Y. – – Sch. 181)
500 Schilling (S)
1988
∅ 37 mm
VZ / ST 75,– / PP 82,–

F U E N F H U N D E R T S C H I L L I N G

632 850 Jahre Benediktinerabtei St. Georgenberg-Fiecht

Am 30. April 1138 bestätigte Papst Innozenz II. die klösterliche Gemeinschaft auf dem Felsen im Karwendelgebirge, dem heutigen St. Georgenberg, als Benediktinerabtei. Die Wallfahrten zu den Reliquien berühmter Heiliger machten die Abtei weithin bekannt. Als das Kloster 1705 zum vierten Male niederbrannte, verlegte man es vom Felsen hinunter ins Inntal in den Ortsteil Fiecht der Gemeinde Vomp. Heute leben sowohl auf dem Felsen in St. Georgenberg (seit 1945) wie auch in Fiecht (seit 1953) wieder Mönche.

(Y. – – Sch. 182)
500 Schilling (S)
1988
∅ 37 mm
VZ / ST 75,– / PP 82,–
s. a. Nr. 615

F U E N F H U N D E R T S C H I L L I N G

633 Johannes Paul II. in Österreich 1988

Papst Johannes Paul II. besuchte 1988 Österreich als Fortsetzung seiner Visite von 1983, bei der er, aus Anlaß des Katholikentages, nur in Wien und Mariazell war. Aus diesem Grunde lag der Schwerpunkt der Pastoralreise nunmehr in den westlichen Diözesen des Landes. Außer Wien besuchte er in fünf Tagen Eisenstadt, Mauthausen, Lorch/Enns, Gurk, Salzburg und Innsbruck.

(Y. – – Sch. 183)
500 Schilling (S)
1988
∅ 37 mm
VZ / ST 75,– / PP 85,–

F U E N F H U N D E R T S C H I L L I N G

634 100 Jahre Einigungsparteitag in Hainfeld – Victor Adler

Der junge Arzt Victor Adler hatte durch seine Tätigkeit die schlimmen Verhältnisse in den Arbeiterbezirken Wiens kennengelernt. Das war der Anstoß für sein soziales Engagement. Die Arbeiterbewegung beeinflußte er in den Folgejahren entscheidend. Beide Gruppen der Arbeiterbewegung, Radikale und Gemäßigte, sprachen sich für die Abhaltung eines Parteitages aus. Als Tagungsort wurde Hainfeld in Niederösterreich ausgewählt. Hier trafen sich 1888 die Delegierten aus 13 Kronländern und faßten eine Einigungsresolution zur Stärkung der Sozialdemokratischen Partei.

(Y. – – Sch. 187)
500 Schilling (S)
1989
Ø 37 mm
VZ / ST 75,– / PP 95,–
s. a. Nr. 638

F U E N F H U N D E R T S C H I L L I N G

635 Österreichische Künstler der Jahrhundertwende – Gustav Klimt

Die Werke Gustav Klimts (1862–1918) sind weltberühmt und stehen als Synonym für den österreichischen Jugendstil. Ihr unvergänglicher Ausdruck in Mustern, Ornamenten und Menschen birgt jenen Lebensstil, der für den Geschmack unserer Zeit wiederentdeckt wurde. Die Münzrückseite zeigt einen Ausschnitt aus seinem Gemälde »Judith mit dem Haupte des Holofernes«, das 1910 entstand und seit 1954 in der Österreichischen Galerie Wien zu sehen ist.

(Y. – – Sch. 188)
500 Schilling (S)
1989
Ø 37 mm
VZ / ST 75,– / PP 88,–

F U E N F H U N D E R T S C H I L L I N G

636 Österreichische Künstler der Jahrhundertwende – Koloman Moser

Koloman Moser (1868–1918) verstand es meisterhaft, den oft alltäglichen Dingen den Stempel einer unvergänglichen Kulturepoche aufzudrücken. Die Münzrückseite zeigt einen Entwurf in Aquarell und Tusche als Vorlage für ein Glasfenster, das »Die Kunst« in Form eines weiblichen Genius symbolisiert. Das eigentliche Glasfenster entstand 1898 und zierte die Wand zur Großen Halle des Secession in Wien.

(Y. – – Sch. 189)
500 Schilling (S)
1990
Ø 37 mm
VZ / ST 75,– / PP 88,–

F U E N F H U N D E R T   S C H I L L I N G

637 Österreichische Künstler der Jahrhundertwende – Egon Schiele – 100. Geburtstag

Egon Schiele (1890–1918) löste sich schon früh vom Einfluß des Wiener Jugendstils und radikalisierte ihn zur »Ausdruckskunst«. Bis zum Beginn des Ersten Weltkriegs entstanden die berühmten Selbstporträts, die Frauenakte und die psychologischen Porträts, die Schieles Auseinandersetzung mit Körper und Seele des Menschen in extrem verzerrten Formen ausdrücken. Ihnen schließen sich die »Stimmungslandschaften« an.

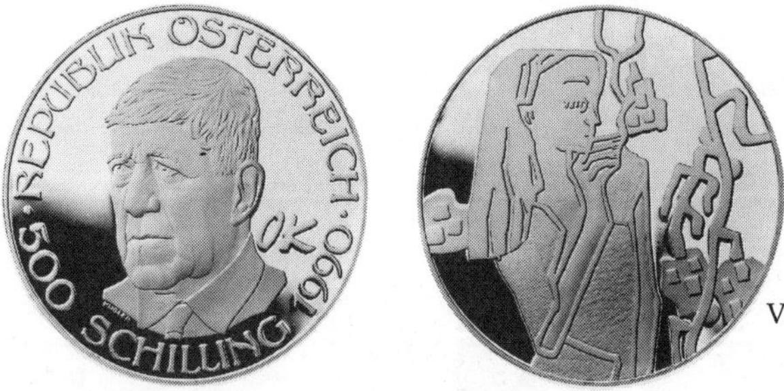

(Y. – – Sch. 190)
500 Schilling (S)
1990
Ø 37 mm
VZ / ST 75,– / PP 88,–
s. a. Nr. 635

F U E N F H U N D E R T   S C H I L L I N G

638 Österreichische Künstler der Jahrhundertwende – Oskar Kokoschka – 10. Todestag

Oskar Kokoschka (1886–1980) setzte sich durch Kontakte mit Gustav Klimt zuerst mit dem Jugendstil auseinander, wandte sich aber schon früh davon ab. Von 1908 bis 1914 suchte er seine persönliche Variante des Expressionismus. Viele seiner berühmten Städte- und Landschaftsbilder entstanden auf seinen Reisen in den Jahren 1923 bis 1930. Stilistisch blieb der Maler seiner Linie des »psychologischen Expressionismus« bis ins hohe Alter treu.

(Y. – – Sch. 197)
500 Schilling (S)
1991
∅ 37 mm
VZ / ST 75,– / PP 88,–
s. a. Nr. 640–642

FUENFHUNDERT SCHILLING

639 Berühmte Dirigenten der Wiener Philharmoniker – Herbert von Karajan

Herbert von Karajan (1908–1989) war von 1946 bis 1989 mit größeren Unterbrechungen Dirigent der Wiener Philharmoniker. Höhepunkte seines Schaffens waren die TV-Aufnahme von Bruckners 8. Symphonie in St. Florian (Juni 1979), die Aufführung von Mozarts »Krönungsmesse« im Petersdom (1985), das Neujahrskonzert 1987 und drei Konzerte im Rahmen der »Wiener Philharmoniker-Woche in New York« im Februar 1989.

(Y. – – Sch. 198)
500 Schilling (S)
1991
∅ 37 mm
VZ / ST 75,– / PP 88,–
s. a. Nr. 639, 641
und 642

FUENFHUNDERT SCHILLING

640 Berühmte Dirigenten der Wiener Philharmonie – Karl Böhm – 10. Todestag

Karl Böhm (1894–1981) dirigierte zwar schon im April 1933 die Wiener Philharmoniker; zu einer kontinuierlichen Zusammenarbeit kam es aber erst 1939. Von 1943 bis 1945 und von 1954 bis 1956 leitete Böhm die Wiener Staatsoper. Von 1955 bis 1957 und von 1964 bis 1979 übernahm er das dem Orchestergründer gewidmete »Nicolai-Konzert«. 1967 wurde er zum ersten Ehrendirigenten der Wiener Philharmonie ernannt.

(Y. – – Sch. 201)
500 Schilling (S)
1992
∅ 37 mm
VZ / ST 75,– / PP 88,–
s. a. Nr. 639, 640 und 642

FUENFHUNDERT SCHILLING

641 Berühmte Dirigenten der Wiener Philharmoniker – Gustav Mahler

Der Komponist Gustav Mahler (1860–1911) dirigierte die Konzerte der Wiener Philharmoniker von 1898 bis 1901. Orchesterdisziplin und absolute Werktreue kennzeichneten seine Interpretationen. Als Direktor der Wiener Hofoper (1897–1898) war Mahler kein Opernkomponist, sondern Schöpfer großer Sinfonien und faszinierender Liedwerke, von den Liedern aus »Des Knaben Wunderhorn« bis zu den »Kindertotenliedern«.

(Y. – – Sch. 202)
500 Schilling (S)
1992
∅ 37 mm
VZ / ST 75,– / PP 88,–
s. a. Nr. 639–641

FUENFHUNDERT SCHILLING

642 Berühmte Dirigenten der Wiener Philharmoniker – Richard Strauss

Richard Strauss (1864–1949) begann bereits im Alter von acht Jahren zu komponieren. 1905 erlangte er mit seiner Oper »Salome« Weltruhm. In seiner langjährigen Zusammenarbeit mit Hugo von Hoffmannsthal entstanden Glanzlichter wie »Elektra«, »Der Rosenkavalier« (s. a. Münzrückseite) und »Arabella«, die zu den weltweit meist aufgeführten Opern zählen.

(Y. – – Sch. 209)
500 Schilling (S)
1993
∅ 37 mm
VZ / ST 75,– / PP 88,–

643 Österreich und sein Volk – Seenregion

Österreich, ein Land der Seen. Vom Bodensee im Westen bis zum Neusiedler See im Osten prägen vor allem die vielen Seen des Salzkammergutes und die Seen Kärntens das Bild einer abwechslungsreichen Landschaft von unvergleichlichem Charakter.

(Y. – – Sch. 210)
500 Schilling (S) / 1993
∅ 37 mm
VZ / ST 75,– / PP 88,–

644 Österreich und sein Volk – Alpenregion

Österreich, ein Land der Alpen. Die Landschaft verdankt ihre Schönheit vor allem dem reichen Formenschatz der Alpen. 62% der Landesfläche entfallen auf das Hochgebirge der Ostalpen und 28% auf das Alpenvorland.

(Y. – – Sch. 185)
500 Schilling (G) / 1989–1992
Rand: Geriffelt
∅ 22 mm / PP 160,–
s. a. Nr. 536, 576, 639–642,
703, 733 und 761

701 Wiener Philharmoniker

Nach der Gründung der Wiener Philharmonie im Jahr 1842 durch Otto Nicolai gab es von 1847 bis 1860 nur wenige Veranstaltungen der Philharmoniker; aber seit 1860 werden die Philharmonischen Konzerte ohne Unterbrechung durchgeführt. Musikhistorisch von Bedeutung war die Zusammenarbeit mit Gustav Mahler, Richard Strauss, Arturo Toscanini, Wilhelm Furtwängler, Karl Böhm, Herbert von Karajan und Leonard Bernstein.

(Y. – – Sch. 195)
500 Schilling (G)
1991
Rand: Geriffelt
∅ 22 mm
PP 400,–
s. a. Nr. 404, 452, 532, 533 und 732

702 Wolfgang Amadeus Mozart – 200. Todestag

Auf der Goldmünze zu 500 Schilling ist ein Porträt des reifen Mozart nach dem berühmten Gemälde von Barbara Krafft zu sehen, heute im Besitz des Wiener Musikvereins. Die Münzrückseite zeigt eine Schlüsselszene aus der berühmten Oper »Don Giovanni«.

(Y. – – Sch. 204)
500 Schilling (G)
1992
Rand: Geriffelt
∅ 22 mm
PP 280,–
s. a. Nr. 536, 576, 639–642, 701, 733 und 761

703 150 Jahre Wiener Philharmoniker

Diese Goldmünze ist der zweiten Schaffensstätte der Philharmoniker, der Wiener Staatsoper, ehemals k.k. Hofoperntheater, gewidmet. Die Wertseite zeigt eine Innenansicht des Opernhauses mit Blick auf die Bühne. Die Rückseite trägt neben der Darstellung verschiedener Instrumente das Signet des Orchesters, das aus kunstvoll stilisierten Buchstaben besteht, die in der richtigen Reihenfolge gelesen, den Namenszug »Wiener Philharmoniker« ergeben.

(Y. – – Sch. 207)
500 Schilling (G)
1993
Rand: Geriffelt
∅ 22 mm
PP 380,–

704 1000 Jahre Österreich – Rudolf II.

Auf dieser Millennium-Münze repräsentieren drei Mäzene des 16. und 17. Jahrhunderts Kultur und Kunstsinn Österreichs. Die Profilreihe zeigt hinter Kaiser Rudolf II. den Erzherzog Ferdinand II. und den Kirchenfürst Leopold Wilhelm. Unter diesen drei Regenten entstanden wertvolle Kunstsammlungen, die heute zum großen Teil im Kunsthistorischen Museum zu sehen sind, das auf der Münzrückseite dargestellt ist.

(Y. 148 – Sch. 129)
1000 Schilling (G)
1976
Rand: Geriffelt
∅ 27 mm
VZ / ST 400,–

731 1000 Jahre Einsetzung der Babenberger in Österreich 976–1976

Als Kaiser Otto II. im Jahre 976 den Babenberger Leopold I. mit der Ostmark belehnte, schlug die Geburtsstunde Österreichs. Die Babenberger waren von 976 bis 1246 Markgrafen bzw. Herzöge von Österreich. Die erste urkundliche Erwähnung des Namens »Ostarrichi« ist aus dem Jahr 996 bekannt, die des Namens »Austria« aus dem Jahr 1147. Die Bildseite der Münze zeigt das Reitersiegel des letzten Babenbergers, Herzog Friedrich II., der 1246 im Kampf gegen die Ungarn fiel.

(Y. – – Sch. 196)
1000 Schilling (G)
1991
Rand: Wert
∅ 30 mm
PP 850,–
s. a. Nr. 404, 452, 532, 533 und 702

732 Wolfgang Amadeus Mozart – 200. Todestag

Diese Goldmünze ist als Hommage auf die Vielseitigkeit Mozarts aufzufassen. Der Komponist ist umrahmt von Orgelpfeifen, Geige und Spinett-Tastatur und symbolisiert damit seine Universalität in beinahe allen musikalischen Gattungen weltlicher wie auch sakraler Musik. Die Münzrückseite bezieht sich auf Mozarts erstaunliche Wandlungsfähigkeit. Tamino besteht, begleitet von Pamina, mit Hilfe der Zauberflöte die Feuerprobe im Prüfungstempel.

(Y. – – Sch. 205)
1000 Schilling (G)
1992
Rand: Wert
∅ 30 mm
PP 550,–
s. a. Nr. 486, 511, 536, 576, 639–642, 701, 703 und 761

733 150 Jahre Wiener Philharmoniker

Die Wertseite der Münze zeigt das Gebäude des Wiener Musikvereins, aus dessen »Goldenem Saal« das alljährliche Neujahrskonzert in alle Welt übertragen wird. Auf der Bildseite ist Johann Strauß vor der mit Blumen geschmückten weltberühmten Orgel des großen Musikvereinssaals dargestellt. Als Vorbild des geigenspielenden Walzerkönigs diente die Bronzestatue im Wiener Stadtpark.

(Y. – – Sch. 207)
1000 Schilling (G)
1992
∅ 30 mm
PP –,–
s. a. Nr. 463 und 603

734 Maria Theresia – 275. Geburtstag

Die Kaiserin Maria Theresia (1717–1780) leistete in ihrem Leben ungewöhnlich viel. Mit Mut, Tatkraft und Phantasie trug sie die ganze Last und Verantwortung, die ihr vom plötzlich verstorbenen Vater (1740) hinterlassen wurde. Im österreichischen Erbfolgekrieg verteidigte sie ihr Land siegreich gegen Bayern, Spanien, Sachsen und Frankreich. Von aller Tatkraft war die Beendigung des Krieges von 1778, die sie mit Energie erzwungen hat.

(Y. – – Sch. 186)
2000 Schilling (G)
1989–1992
Rand: Geriffelt
∅ 37 mm
PP 600,–
s. a. Nr. 536, 576, 639–642, 701, 703 und 733

761 Wiener Philharmoniker

Diese »Bullion-Münze« (1 Unze mit 999,9er Gold) zeigt auf der Wertseite die Orgel im »Goldenen Saal« des Wiener Musikvereinsgebäudes und auf der Rückseite die Musikinstrumente der Wiener Philharmoniker. Das Musikvereinsgebäude wird von den Wiener Philharmonikern seit der Einweihung im Jahr 1870 regelmäßig benutzt.

(Y. 44 – Sch. 26)
5 Fr. (S)
1934 B
∅ 31 mm
VZ / ST 110,–
s. a. Nr. 803, 931 und 932

Rand: D O M I N U S P R O V I D E B I T (und 13 Sterne)

801 Eidgenössisches Schützenfest in Fribourg 1934

Als im späten Mittelalter patrizische Geschlechter Waffen und Rüstung der Ritter annahmen, wählten die übrigen, nach Zünften oder Stadtvierteln geordneten Bürger, einfachere Waffen, besonders Bogen und Armbrust. Sie vereinigten sich in Schützenvereinen bzw. Gilden und trafen sich jährlich zum Schützenfest, um den neuen Schützenkönig zu ermitteln (in der Schweiz seit 1378). In Fribourg fand nach 1829 und 1881 im Jahr 1934 das dritte Eidgenössische Schützenfest statt.

(Y. 46 – Sch. 28)
5 Fr. (S)
1936 B
∅ 31 mm
VZ / ST 110,–

Rand: D O M I N U S P R O V I D E B I T (und 13 Sterne)

802 Eidgenössische Wehranleihe 1936

Die Machtübernahme Hitlers und die damit einsetzende Wiederaufrüstung Deutschlands veranlaßte die Schweiz, der Gefahr eines strategischen Überfalls mit einer Aufrüstung ihrer Milizarmee entgegenzutreten. Die schweizerische Wehranleihe zur Finanzierung der Aufrüstung appellierte an die Vaterlandsliebe und den Opfersinn der Schweizer. Der Erfolg übertraf alle Erwartungen.

(Y. 47 – Sch. 29)
5 Fr. (S)
1939 B
Rand: Geriffelt
∅ 33 mm
VZ / ST 100,–
s. a. Nr. 801, 931
und 932

803 Eidgenössisches Schützenfest in Luzern 1939

Schützenfeste hatten für die Bürger die gleiche Bedeutung wie die Turniere für die Ritter. Die Glanzzeit dieser Feste fällt in das 15. und 16. Jahrhundert, von Rembrandt, Hals und Helst in Paradebildern festgehalten. Die Schützenfeste dienten den Städten zur Schließung oder Festigung von Bündnissen. In Luzern wurden schon 1430 und 1438 Schützenfeste mit Armbrustschießen abgehalten. Eidgenössische Schützenfeste fanden in Luzern 1832, 1853, 1901 und 1939 statt.

(Y. 49 – Sch. 31)
5 Fr. (S)
1939 B
∅ 31 mm
VZ / ST 1600,–

Rand: D O M I N U S P R O V I D E B I T (und 13 Sterne)

804 600. Jahrestag der Schlacht von Laupen

Im Frühjahr 1339 kamen Fribourg und der welsche Adel überein, Laupen den Bernern wegzunehmen. Bern erfuhr von diesem Plan und schickte sofort eine Besatzung nach Laupen. Als das feindliche Heer im Juni 1339 mit 17 000 Mann die Belagerung begann, rückte das Entsatzheer von Bern vor und es kam zur Schlacht bei Laupen, die schnell zum Sieg der Berner führte.

(Y. 50 – Sch. 32)
5 Fr. (S)
1939
Rand: Geriffelt
∅ 33 mm
VZ / ST 420,–

805 Schweizerische Landesausstellung Zürich

Die Schweizerischen Landesausstellungen werden seit dem 19. Jahrhundert als »Leistungsschauen« im weitesten Sinne durchgeführt. Jede der Ausstellungen hatte ein den Zeitumständen angepaßtes besonderes Gepräge. Die von 1939 war nicht nur eine Schau der schweizerischen Wissenschaft, Kunst und Industrie, sondern unwillkürlich – nach dem deutschen Einmarsch in Österreich und in die Tschechoslowakei – eine Demonstration schweizerischer Selbständigkeit und des Wehr- und Abwehrwillens.

(Y. 51 – Sch. 33)
5 Fr. (S)
1941 B
∅ 31 mm
VZ / ST 250,–
s. a. Nr. 851 und 961

Rand: D O M I N U S P R O V I D E B I T (und 13 Sterne)

806 650 Jahre Schweizerische Eidgenossenschaft

Die Waldstätten (Urkantone) Uri, Schwyz und Unterwalden schlossen 1291 den »Ewigen Bund«, der auch als »Rütlischwur« bekannt ist. Die Münze zeigt auf der Bildseite die drei Urkantone in Frauengestalt während des Eides und auf der Wertseite ein lateinisches Zitat, das übersetzt heißt »Sie versprachen sich gegenseitig hilfreich beizustehen«.

(Y. 52 – Sch. 36)
5 Fr. (S)
1944 B
∅ 31 mm
VZ / ST 220,–

Rand: D O M I N U S P R O V I D E B I T (und 13 Sterne)

807 500. Jahrestag der Schlacht St. Jakob an der Birs

Seit 1443 stand das mit Österreich verbündete Zürich im offenen Krieg mit den Eidgenossen. In der Schlacht bei St. Jakob an der Birs (26. 8. 1444) konnten sich die 1500 Eidgenossen nicht gegen die zwanzigfache Übermacht wehren und fast alle starben. Trotz des Sieges zogen die Armagnaken, die als Söldner für die Österreicher und Züricher kämpften, wieder ab.

(Y. 53 – Sch. 37)
5 Fr. (S)
1948 B
∅ 31 mm
VZ / ST 35,–

Rand: D O M I N U S P R O V I D E B I T (und 13 Sterne)

808 100 Jahre Schweizer Verfassung

Nach dem Sonderbundkrieg (Ende 1847) empfanden die Eidgenossen eine Kollektivnote Österreichs, Preußens, Frankreichs und Rußlands als Einmischung und die schweizerische Tagsatzung beschloß nach dem Muster der USA die in ihren Grundzügen noch heute bestehende Verfassung. Diese wandelte die Schweiz aus einem losen Staatenbund in einen festgefügten Bundesstaat um. Die erste Bundesversammluung trat am 6. 11. 1848 in Bern, das zum Bundessitz bestimmt wurde, zusammen und wählte den ersten Bundesrat.

(Y. 56 – Sch. 42)
5 Fr. (S)
1963 B
∅ 31 mm
VZ / ST 26,–
s. a. Nr 604 und 814

Rand: D O M I N U S P R O V I D E B I T (und 13 Sterne)

809 100 Jahre Rotes Kreuz

Henri Dunants Vorschläge zur Gründung des Roten Kreuzes, wie er sie im Buche »Eine Erinnerung an Solferino« niedergelegt hatte, wurden von einem Komitee, bestehend aus fünf Schweizer Bürgern, aufgegriffen. Auf Initiative dieses Komitees kam es zu den ersten internationalen Konferenzen, die zur »Genfer Konvention vom 22. 8. 1864 zur Verbesserung des Loses der verwundeten Soldaten im Landkrieg« führte. Die erstmalige Anwendung erfolgte im preußisch-dänischen Krieg 1864.

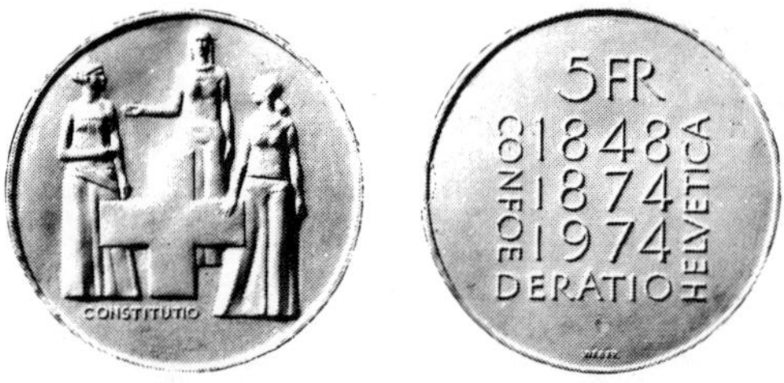

(Y. 57 – Sch. 47)
5 Fr. (K-N)
1974
∅ 31 mm
VZ / ST 10,– / PP 19,–
s. a. Nr. 808

Rand: D O M I N U S P R O V I D E B I T (und 13 Sterne)

810 100 Jahre Verfassungsrevision 1874–1974

Die schweizerische Bundesverfassung von 1848 wurde 1874 durch eine Revision abgeändert und erweitert. Dabei wurde eine Stärkung der Zentralgewalt auf Kosten der Kantone entwickelt, in der Hauptsache mit Bezug auf das Militär- und Sozialwesen. Das Volk der Eidgenossen setzte seine Forderung »Ein Recht und Eine Armee« durch.

(Y. 58 – Sch. 48)
5 Fr. (K-N)
1975
∅ 31 mm
VZ / ST 10,– / PP 36,–
s. a. Nr. 71

Rand: D O M I N U S P R O V I D E B I T (und 13 Sterne)

811 Europäisches Denkmalschutzjahr 1975

Der Leitspruch auf der Münzvorderseite HEREDIO NOSTRO FUTURUM (Unserem Erbe eine Zukunft) soll das Interesse der Europäer für das gemeinsame architektonische Erbe wecken und darauf hinweisen, daß für die Erhaltung notwendige Maßnahmen ergriffen werden. Auch das Motto »Eine Zukunft für unsere Vergangenheit« soll im Europäischen Denkmalschutzjahr an die Erhaltung unersetzlicher Werte erinnern.

(Y. 59 – Sch. 49)
5 Fr. (K-N)
1976
∅ 31 mm
VZ / ST 10,– / PP 19,–

Rand: D O M I N U S P R O V I D E B I T (und 13 Sterne)

812 500. Jahrestag der Schlacht von Murten

In der Schlacht von Murten besiegten die Eidgenossen am 22. Juni 1476 das starke Heer Karls des Kühnen von Burgund und festigten damit ihre politische Selbständigkeit. Auf der Vorderseite der Münze sind mit Langspießen bewaffnete Eidgenossen in Angriffsstellung abgebildet.

(Y. 60 – Sch. 50)
5 Fr. (K-N)
1977
∅ 31 mm
VZ / ST 14,– / PP 55,–

Rand: D O M I N U S P R O V I D E B I T (und 13 Sterne)

813 Johann Heinrich Pestalozzi – 150. Todestag

Der Pädagoge Johann Heinrich Pestalozzi (1746–1827) setzte sich entscheidend für eine moderne Erziehung junger Menschen ein. Er war Begründer und Leiter verschiedener Erziehungsanstalten und strebte eine umfassende Menschenbildung an. Sein pädagogisches Grundanliegen war die Entfaltung der geistigen Kräfte und Anlagen, im Gegensatz zum bloßen mechanischen Einprägen von Wissensstoffen.

Y. 61 – Sch. 51)
5 Fr. (K-N)
1978
∅ 31 mm
VZ / ST 10,– / PP 35,–
s. a. Nr. 604 und 809

Rand: D O M I N U S P R O V I D E B I T (und 13 Sterne)

814 Henry Dunant – 150. Geburtstag

Das humanitäre Wirken Henry Dunants (1828–1910) führte zur Gründung des Roten Kreuzes und zu einer Reihe von internationalen Konventionen zur Linderung des Loses von verwundeten Militär- und Zivilpersonen sowie von Kriegsgefangenen. Dunant erhielt 1901 zusammen mit Frédéric Passy den Friedensnobelpreis.

(Y. 62 – Sch. 52)
5 Fr. (K-N)
1979
∅ 31 mm
VZ / ST 14,– / PP 150,–

Rand: D O M I N U S P R O V I D E B I T (und 13 Sterne)

815 Albert Einstein – 100. Geburtstag

Der Physiker Albert Einstein (1879–1955) ist der Schöpfer der epochemachenden Relativitätstheorie (siehe Nr. 217 und 816). Er war entscheidend an einer Weiterentwicklung der Quantentheorie Max Plancks (siehe Nr. 41) beteiligt. Neben vielen Ehrungen erhielt Einstein 1921 den Nobelpreis für Physik. Er setzte sich unermüdlich für Frieden und Völkerverständigung ein.

(Y. 63 – Sch. 53)
5 Fr. (K-N)
1979
∅ 31 mm
VZ / ST 10,– / PP 110,–
s. a. Nr. 815

Rand: D O M I N U S P R O V I D E B I T (und 13 Sterne)

816 Albert Einstein – 100. Geburtstag

Albert Einstein (1879–1955) ist der Schöpfer der Relativitätstheorie; zuerst 1905 von der speziellen, dann 1916 von der allgemeinen. 1929 entwickelte er die einheitliche Feldtheorie, in der die Vereinigung von Mechanik und Elektrodynamik angestrebt wird. Die Münzvorderseite zeigt mathematische Formeln zur Relativitätstheorie in der Handschrift Einsteins.

(Y. 64 – Sch. 54)
5 Fr. (K-N)
1980
∅ 31 mm
VZ / ST 10,– / PP 35,–

Rand: D O M I N U S P R O V I D E B I T (und 13 Sterne)

817 Ferdinand Hodler

Der Maler Ferdinand Hodler (1853–1918) bevorzugte anfangs realistische Landschaften. Etwa 1890 fand er den Durchbruch zu eigenem Stil: große Flächen werden scharf umrissen und klar komponiert. Er malte vor allem Historienbilder und schweizerische Landschaften, oft als monumentale Wandbilder.

(Y. 65 – Sch. 55)
5 Fr. (K-N)
1981
∅ 31 mm
VZ / ST 8,– / PP 35,–

Rand: D O M I N U S P R O V I D E B I T (und 13 Sterne)

818 500 Jahre Stanser Verkommnis

Das Stanser Verkommnis vom 22. 12. 1481 verhinderte die Spaltung der Eidgenossenschaft. Es war eine Vereinbarung zwischen drei Städten (Zürich, Bern und Luzern) auf der einen und fünf Kantonen (Uri, Schwyz, Obwalden, Glarus und Zug) auf der anderen Seite. Die Länderorte beteiligten sich an der strenger gefaßten gegenseitigen Garantie der städtischen Obrigkeit und erreichten dafür den Verzicht auf eine weitere Stärkung des Bundes. Der Einsiedler und frühere Staatsmann Nikolaus von der Flüe muß einen entscheidenen Einfluß zugunsten der Einigkeit ausgeübt haben.

(Y. 66 – Sch. 56)
5 Fr. (K-N)
1982
∅ 31 mm
VZ / ST 9,– / PP 45,–

Rand: D O M I N U S P R O V I D E B I T (und 13 Sterne)

819 100 Jahre Gotthardbahn

Am 1. Juni 1882 wurde die Bahnlinie durch den St. Gotthard in den Schweizer Alpen eröffnet. Sie gilt seither als die schnellste Verbindung zwischen Nordeuropa und Italien. Der Tunnel durch das Alpenmassiv galt als ein technisches Wunderwerk. Der Durchschlag erfolgte am 29. 2. 1880, wobei die beiden Tunnelstollen nur 33 cm seitlich und 5 cm in der Höhe voneinander abwichen.

(Y. 67 – Sch. 60)
5 Fr. (K-N)
1983
∅ 31 mm
VZ / ST 90,– / PP 40,–

Rand: D O M I N U S P R O V I D E B I T (und 13 Sterne)

820 Ernest Ansermet – 100. Geburtstag

Der Dirigent und Komponist Ernest Ansermet (1883–1969) war ein bedeutender Interpret moderner Musik. Er leitete das von ihm gegründete »Orchestre de la Suisse romande« fast 50 Jahre. Auf der Münzvorderseite ist neben seinem Profil der Partituranfang von »L'Histoire du Soldat« dargestellt.

(Y. 70 – Sch. 61)
5 Fr. (K-N)
1984
Ø 31 mm
VZ / ST 9,– / PP 35,–

Rand: D O M I N U S P R O V I D E B I T (und 13 Sterne)

821 Auguste Piccard – 100. Geburtstag

Der Physiker Auguste Piccard (1884–1962) erreichte beim Stratosphärenflug mit einem Ballon 1932 die Höhe von über 16000 m. Mit einer selbst konstruierten Tiefseegondel, dem »Bathyscape«, tauchte er auf eine Tiefe von 3150 m. Piccard lieferte wertvolle wissenschaftliche Beiträge zur Höhen- und Tiefeseeforschung.

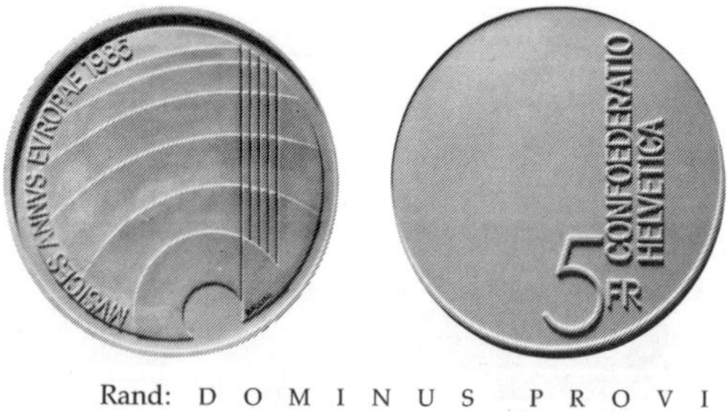

(Y. 71 – Sch. 62)
5 Fr. (K-N)
1985
Ø 31 mm
VZ / ST 9,– / PP 16,–
s. a. Nr. 90

Rand: D O M I N U S P R O V I D E B I T (und 13 Sterne)

822 Europäisches Jahr der Musik 1985

Das Jahr 1985 ist vom Europarat und von der Europäischen Gemeinschaft als das Europäische Jahr der Musik ausgerufen worden. In allen Ländern Europas sollte die Bedeutung der Musik für die Gesellschaft besonders hervorgehoben, die gemeinsamen Grundlagen und Traditionen der Musik aller europäischen Völker bewußt gemacht und bessere Bedingungen für das Musikleben geschaffen werden.

(Y. 74 – Sch. 63)
5 Fr. (K-N)
1986
∅ 31 mm
VZ / ST 9,– / PP 16,–

Rand: D O M I N U S P R O V I D E B I T (und 13 Sterne)

823 600. Jahrestag der Schlacht bei Sempach

In der Schlacht bei Sempach (9. Juli 1386) erreichte die schweizerische Infanterie einen vernichtenden Sieg über die schwer gepanzerten, unbeholfenen Ritter der Habsburger. Damit endete in der Schweiz die österreichische Herrschaft unter Leopold III. Nach einer Sage soll dieser Sieg durch Arnold Winkelried ermöglicht worden sein, der die Spieße der Habsburger mit den Armen umfaßt und in seine Brust bohren ließ, so daß eine Lücke in der habsburgischen Angriffslinie entstand.

(Y. 80 – Sch. 64)
5 Fr. (K-N)
1987
∅ 31 mm
VZ / ST 9,– / PP 35,–

Rand: D O M I N U S P R O V I D E B I T (und 13 Sterne)

824 Le Corbusier – 100. Geburtstag

Der Architekt Le Corbusier (1887–1965) hieß mit bürgerlichem Namen Charles Edouard Jeanneret. Seine Skelettbauweise revolutionierte die moderne Architektur: keine tragende Funktion durch Wände, sondern durch Stützen. Grundform ist der Kubus. Als Maler und Bildhauer war er Mitbegründer des Purismus. Auf der Münze wird das von ihm entwickelte »Modulor-Maßsystem« angedeutet.

(Y. – – Sch. 65)
5 Fr. (K-N)
1988
Ø 31 mm
VZ / ST 9,– PP 55,–

Rand: D O M I N U S   P R O V I D E B I T (und 13 Sterne)

825 Olympische Bewegung

Die Darstellung der Münze zeigt eine fliegende Taube mit olympischen Ringen inmitten sich ausbreitender Kreise, die den Einfluß der Olympischen Spiele auf den Weltfrieden symbolisieren. Die Olympischen Winterspiele 1988 fanden in Calgary/Kanada statt und die Olympischen Sommerspiele in Seoul/Südkorea.

(Y. – – Sch. 66)
5 Fr. (K-N)
1989
Ø 31 mm
VZ / ST 9,– / PP 35,–

Rand: D O M I N U S   P R O V I D E B I T (und 13 Sterne)

826 50. Jahrestag der Mobilmachung – Henri Guisan 1939

Henri Guisan (1874–1960) war von 1939 bis 1945 Oberbefehlshaber des schweizerischen Heeres. Als Hitler 1939 den Zweiten Weltkrieg auslöste, wurde in der Schweiz die Mobilmachung angeordnet. General Guisan begann 1940 mit der Errichtung des »Réduit national«, stark befestigte Gebirgsstellungen, die als Kernwerk der Landesverteidigung angelegt wurden.

(Y. – – Sch. 67)
5 Fr. (K-N)
1990
∅ 31 mm
VZ / ST 9,– / PP 16,–

Rand: D O M I N U S P R O V I D E B I T (und 13 Sterne)

827 Gottfried Keller – 100. Todestag

Gottfried Keller (1819–1890) war einer der bedeutendsten Dichter der Schweiz. Neben vielen Gedichten schuf er vorwiegend erzählende Werke, die sich durch Humor, Menschenkenntnis, Phantasie, Darstellungskunst und meisterhafte Sprache auszeichnen. Zu seinen bekanntesten Werken gehören: »Kleider machen Leute«, »Züricher Novellen« (darin u. a. »Das Fähnlein der sieben Aufrechten«) und »Der grüne Heinrich«.

(Y. – – Sch 68)
20 Fr. (S)
1991
∅ 33 mm
VZ / ST 26,– / PP 65,–
s. a. Nr. 806 und 961

Rand: D O M I N U S P R O V I D E B I T (und 13 Sterne)

851 700 Jahre Schweizerische Eidgenossenschaft

Die Waldstätten (Urkantone) Uri, Schwyz und Unterwalden schlossen 1291 den »Ewigen Bund«, der auch als »Rütlischwur« bekannt ist, historisch jedoch nicht nachweisbar ist.
Die Münzdarstellung zeigt vier angedeutete Schweizer Kreuze für die vier Sprachregionen in räumlich progressiver Anordnung, als Symbol für die Zeitspanne zwischen 1291 und 1991.

(Y. – – Sch. 70)
20 Fr. (S)
1992
∅ 33 mm
VZ / ST 26,– / PP 60,–

Rand: D O M I N U S P R O V I D E B I T (und 13 Sterne)

852 Gertrud Kurz – 20. Todestag

Gertrud Kurz (1890–1972) gelang es im Jahr 1942, als die Grenzen der Schweiz bereits geschlossen waren, dank einer persönlichen Intervention bei dem Bundespräsidenten der Schweiz, die Grenze noch einmal für kurze Zeit zu öffnen. Damit hat sie vielen Flüchtlingen die Einreise in die Schweiz ermöglicht und vor Verfolgung und Tod bewahrt. Der auf der Münze dargestellte Stacheldraht wird durch den Namen Getrud Kurz gesprengt.

(Y. – – Sch. 71)
20 Fr. (S)
1993
∅ 33 mm
VZ / ST –,– / PP –,–

Rand: D O M I N U S P R O V I D E B I T (und 13 Sterne)

853 Paracelsus – 500. Geburtstag

Der Arzt und Naturforscher Paracelsus (1493–1541), eigentlich Theophrastus Bombastus von Hohenheim, wirkte bahnbrechend für die moderne naturwissenschaftliche Medizin. Er sah in der Förderung der natürlichen Selbsthilfe die Hauptaufgabe des Arztes. Darüber hinaus schuf Paracelsus die Grundlagen der Chemotherapie.

(Y. 45 – Sch. 27)
100 Fr. (G)
1934
∅ 33 mm
VZ / ST 4800,–
s. a. Nr. 801, 803
und 932

Rand: D O M I N U S P R O V I D E B I T (und 13 Sterne)

931 Eidgenössisches Schützenfest in Fribourg 1934

Die Entwicklung des Schießwesens in der Schweiz geht bis vor die Erfindung des Schießpulvers zurück, als die »vereinten Bogenschützen« St. Gallens im Stadtgraben Übungen abhielten. Peter II. von Savoyen soll schon 1255 in Bern die »wohladelige Flitzbogengesellschaft« gegründet haben. Im Jahr 1605 wurde die Distanz zwischen Schützen und Scheibe in Basel mit ca. 83 m für Armbrust und mit ca. 220 m für Büchse angegeben.

(Y. 48 – Sch. 30)
100 Fr. (G)
1939
Rand: Geriffelt
∅ 27 mm
VZ / ST 1200,–
s. a. Nr. 801, 803
und 931

932 Eidgenössisches Schützenfest in Luzern 1939

Das erste eidgenössische Schützenfest fand 1378 in Solothurn statt, als »gmein Schjssgsellen« verschiedener eidgenössischer Orte eingeladen wurden. In Luzern gab es die ersten Schützenfeste 1430 und 1438 als Gesellenschießen mit Armbrust. Vom 25. Juni 1441 datiert eine Art Schützenordnung, wonach »vff dem blatz mit bichsen nach schiben« geschossen worden ist.

(Y. – – Sch. 69)
250 Fr. (G)
1991
∅ 23 mm
PP 500,–
s. a. Nr. 806 und 851

Rand: D O M I N U S P R O V I D E B I T (und 13 Sterne)

961 700 Jahre Schweizerische Eidgenossenschaft

Die drei Urkantone Schwyz, Uri und Unterwalden ließen sich von Kaiser Friedrich II. Freiheitsbriefe erteilen, um zum Schutz gegen Albrecht von Österreich am 1. 8. 1291 ein ewiges Bündnis zu schließen. 1309 wurde der Bund von Kaiser Heinrich VII. förmlich für reichsfrei erklärt. Der Eidgenossenschaft traten Luzern (1332) und in den Jahren 1351 bis 1353 noch Zürich, Glarus, Zug und Bern bei. Damit war der Bund der sogenannten acht alten Orte und auch die ursprüngliche Eidgenossenschaft entstanden.

Fachhändlerverzeichnis

Braunschweig	*Michael HEINRICH*
Saulgau	*Werner H. JÖRG GmbH*
Witten–Herbede	*Münzen HELM*

Zeitschriften

Rorschach/Schweiz	*MONEY TREND*